Moisés y la Religión Monoteísta

(Tres Ensayos)

Sigmund Freud

I Moisés, Egipcio

Privar a un pueblo del hombre que celebra como el más grande de sus hijos no es empresa que se acometerá de buen grado o con ligereza, tanto más cuanto uno mismo forma parte de ese pueblo. Ningún escrúpulo, sin embargo, podrá inducirnos a eludir la verdad en favor de pretendidos intereses nacionales, y, por otra parte, cabe esperar que el examen de los hechos desnudos de un problema redundará en beneficio de su comprensión.

El hombre Moisés, que para el pueblo judío fue libertador, legislador y fundador de su religión, pertenece a épocas tan remotas que no es posible rehusar la cuestión previa de si fue un personaje histórico o una creación de la leyenda. Si realmente vivió, debe haber sido en el siglo XIII, o quizá aun en el XIV antes de nuestra era; no tenemos de él otra noticia sino la consignada en los libros sacros y en las tradiciones escritas de los judíos. Aunque esta circunstancia resta certeza definitiva a cualquier decisión al respecto, la gran mayoría de los historiadores se pronunciaron en el sentido de que Moisés vivió realmente y de que el Éxodo de Egipto, vinculado a su persona, tuvo lugar en efecto. Con toda razón se sostiene que la historia ulterior del pueblo de Israel sería incomprensible si no se aceptara esta premisa. Por otra parte, la ciencia de nuestros días se ha tornado más cautelosa y procede mucho más respetuosamente con las tradiciones que en los primeros tiempos de la crítica histórica.

Lo primero que atrae nuestro interés en la persona de Moisés es precisamente su nombre, que en hebreo reza Mosche. Bien podemos preguntarnos: ¿De dónde procede este nombre; qué significa? Como se sabe, ya el relato del Éxodo, en su segundo capítulo, nos ofrece una respuesta. Nárrase allí que la princesa egipcia, cuando rescató al niño de las aguas del Nilo, le dio aquel nombre con el siguiente fundamento etimológico: «Pues yo lo saqué de las aguas.» Mas esta explicación es a todas luces insuficiente. Un autor de Jüdisches Lexikon opina así: «La interpretación bíblica del nombre -el que fue sacado de las aguas- es mera etimología popular, y ya la forma hebrea activa (Mosche podría significar, a lo sumo: el que saca de las aguas) está en pleno desacuerdo con ella.» Podemos apoyar esta refutación con dos nuevos argumentos: ante todo, sería absurdo atribuir a una princesa egipcia una derivación del nombre sobre la base de la etimología hebrea; por otra parte, las aguas de las que se sacó al niño no fueron, con toda probabilidad, las del Nilo.

En cambio, desde hace mucho tiempo y por diversos conductos se ha expresado la presunción de que el nombre Moisés procedería del léxico egipcio. En lugar de mencionar a todos los autores que se han manifestado en este sentido, citaré la traducción del pasaje correspondiente de un nuevo libro de J. H. Breasted , autor a cuya History of Egypt (1906) se concede la mayor autoridad: «Es notable que su nombre, Moisés, sea egipcio. No es sino el término egipcio «mose» (que significa «niño») y representa una abreviación de nombres más complejos, como, por ejemplo, «Amen-mose», es decir, «niño de Amon», o «Ptah- mose», «niño de Ptah», nombres que a su vez son abreviaciones de apelativos más largos: «Amon (ha dado un) niño», o «Ptah (ha dado un) niño». El nombre abreviado «Niño» se convirtió pronto en un sustituto cómodo para el complicado nombre completo, de modo que la forma nominal Mose se encuentra con cierta frecuencia en los monumentos egipcios. El padre de Moisés seguramente había dado a su hijo un nombre compuesto con Ptah o Amon, y en el curso de la vida diaria el patronímico divino cayó gradualmente en olvido, hasta que el niño fue llamado simplemente Mose. (La «s» final de Moisés procede de la traducción griega del Antiguo Testamento. Tampoco ella pertenece a la lengua hebrea, donde el nombre se escribe Mosheh.)». He citado textualmente este pasaje, pero no estoy dispuesto a asumir la responsabilidad por todas sus partes. Además, me asombra un tanto que Breasted haya omitido en su enumeración precisamente los nombres teofóricos similares que se encuentran en la lista de los reyes egipcios, como, por ejemplo, Ah-mose, Thut-mose (Totmés) y Ra-mose (Ramsés).

Ahora bien: cabría esperar que alguno de los muchos autores que reconocieron el origen egipcio del nombre de Moisés también llegase a la conclusión -o por lo menos planteara la posibilidad- de que el propio portador de un nombre egipcio fuese a su vez egipcio. Cuando nos referimos a épocas modernas no vacilamos en adoptar semejante conclusión, pese a que actualmente una persona ya no lleva un solo nombre, sino dos -el de pila y el apellido- y aunque no son nada raras las modificaciones y asimilaciones de los nombres bajo la influencia de circunstancias exteriores. Así, no nos extrañamos al comprobar que el poeta alemán Chamisso es de origen francés, que Napoleón Buonaparte, en cambio, es italiano, y que Benjamín Disraeli es efectivamente un judío italiano, como su nombre permite sospechar. Cabe suponer que en épocas pretéritas y arcaicas semejante deducción de la nacionalidad a partir del nombre debería ser mucho más fidedigna y aún imperativa.

Sin embargo, en la medida de mis conocimientos, ningún historiador ha derivado esta conclusión en el caso de Moisés, ni tampoco lo hizo ninguno de aquellos que, como Breasted, están dispuestos a aceptar que Moisés «estaba familiarizado con toda la sabiduría de los egipcios».

No podemos establecer con seguridad qué obstáculos se opusieron a tan justificada deducción. Quizá fuese insuperable el respeto ante la tradición bíblica; quizá pareciera demasiado monstruosa la idea de que el hombre Moisés hubiese sido otra cosa, sino un hebreo. En todo caso, comprobamos que la aceptación del carácter egipcio de su nombre no es considerada como decisiva para juzgar sobre el origen de Moisés, es decir, que nada se deduce de ella. Si concedemos alguna importancia al problema de la nacionalidad de este gran hombre, sin duda convendrá aducir nuevo material que facilite su solución.

He aquí el objeto de mi breve ensayo. Su pretensión a tener cabida en la revista Imago se basa en que su tema es una aplicación del psicoanálisis. El argumento al cual he de negar no impresionará, sin duda, más que a la minoría de lectores familiarizados con las ideas analíticas y capaces de apreciar sus resultados: sin embargo, espero que por lo menos estos lo considerarán significativo.

En el año 1909, Otto Rank, que entonces aún se encontraba bajo mi influencia publicó por sugestión mía un trabajo titulado El mito del nacimiento del héroe. Trátase allí el hecho de que «casi todos los pueblos civilizados importantes... ensalzaron precozmente, en creaciones poéticas y leyendas, a sus héroes, reyes y príncipes legendarios, a los fundadores de sus religiones, de sus dinastías, imperios y ciudades; en suma, a sus héroes nacionales. Especialmente las historias de nacimiento y juventud de estos personajes fueron adornadas con rasgos fantásticos, cuya similitud -y aun a veces su concordancia textual- en pueblos distintos, algunos distanciados y completamente independientes entre sí, se conoce desde hace tiempo y ha llamado la atención de muchos investigadores». Si de acuerdo con el método de Rank, y aplicando una técnica al modo de Galton, se reconstruye una «leyenda tipo» que destaque los rasgos esenciales de todas estas versiones, se obtendrá el siguiente esquema:
«El héroe es hijo de ilustrísimos padres, casi siempre hijo de reyes.»
«Su concepción es precedida por dificultades, como la abstinencia, la esterilidad prolongada o las relaciones secretas de los padres, debidas a prohibiciones u otros obstáculos exteriores. Durante el embarazo, o aun

antes, ocurre un anuncio (sueño, oráculo) que advierte contra su nacimiento, amenazando por lo general la seguridad del padre.»

«En consecuencia, el niño recién nacido es condenado, casi siempre por el padre o por el personaje que lo representa, a ser muerto o abandonado; de ordinario se lo abandona a las aguas en una caja.»

«Luego es salvado por animales o por gente humilde (pastores) y amamantado por un animal hembra o por una mujer de baja alcurnia.»

«Ya hombre, vuelve a encontrar a sus nobles padres por caminos muy azarosos; se venga de su padre y, además, es reconocido, alcanzando grandeza y gloria.»

El más antiguo de los personajes históricos a quienes se vinculó este mito natal es Sargón de Agade, el fundador de Babilonia (circa 2800 a. J. C.). Para nuestros fines interesa particularmente reproducir aquí la narración atribuida al propio monarca.

«Sargón, el poderoso rey, el rey de Agade, soy yo. Mi madre fue una vestal; a mi padre no lo conocí, pero el hermano de mi padre habitaba en las montañas. En mi ciudad, Azupirani, situada a orillas del Eufrates, me concibió en su vientre mi madre, la vestal. Me dio a luz en secreto; me colocó en una caja de juncos, cerrando mi puerta con pez negra y descendiéndome al río, que no me ahogó. La corriente me llevó hacia Akki, el aguatero, Akki, el aguatero, con la bondad de su corazón, me levantó de las aguas. Akki el aguatero, como hijo propio me crió. Akki, el aguatero, me confió el cuidado de su jardín. Trabajando como jardinero, Ishtar se enamoró de mí; llegué a ser rey y durante cuarenta y cinco años ejercí mi reinado.»

En la serie iniciada por Sargón de Agade, los nombres que mejor conocemos son los de Moisés, Ciro y Rómulo, pero Rank enumeró, además, muchos otros personajes heroicos pertenecientes a la poesía o a la leyenda, supuestos protagonistas de idéntica historia juvenil, ya sea en su totalidad o en partes fácilmente reconocibles. Entre ellos se cuentan Edipo, Karna, Paris, Télefos, Perseo, Heracles, Gilgamesh, Anfion y Zethos.

Las investigaciones de Rank, que sólo mencionaré con breves alusiones, nos han permitido conocer el origen y la tendencia de este mito.

Un héroe es quien se ha levantado valientemente contra su padre, terminando por vencerlo. Nuestro mito traza esta lucha hasta la protohistoria del individuo, al hacer que el niño nazca contra la voluntad del padre y que sea salvado contra los malos designios de éste. El abandono en la caja es una inconfundible representación simbólica del nacimiento: la caja es el vientre materno; el agua, el líquido amniótico. En incontables sueños, la relación padres-hijo es representada por el extraer o salvar de las aguas. La fantasía popular, al atribuir este mito natal a un personaje famoso, pretende reconocerlo como héroe, proclamando que ha cumplido el esquema de una vida heroica. Pero la fuente última de toda esta fábula se halla en la denominada «novela familiar» del niño, por medio de la cual el hijo reacciona ante las modificaciones de su vinculación afectiva con los primogenitores, especialmente con el padre. Los primeros años de la infancia están dominados por una grandiosa supervaloración del padre, de acuerdo con la cual los reyes y las reinas de los cuentos y los sueños representan siempre a los padres; más tarde, en cambio bajo la influencia de la rivalidad y de las frustraciones reales, comienza el desprendimiento de los progenitores y aparece una actitud crítica frente al padre. En consecuencia, las dos familias del mito, la ilustre tanto como la humilde, son imágenes de la propia familia, tal como se le presenta al niño en períodos sucesivos de su vida.

No es excesivo afirmar que estas explicaciones permiten comprender la amplia difusión y la uniformidad del mito natal del héroe. Tanto mayor será nuestro interés por la leyenda del nacimiento y el abandono de Moisés al comprobar su singularidad y aun su contradicción con respecto a los demás mitos en un elemento fundamental.

Tomemos como punto de partida a las dos familias entre las cuales se desenvuelve el destino del niño. Sabemos que ambas forman una sola en la interpretación analítica, estando separadas únicamente en el tiempo. En la versión típica de la leyenda, la primera familia, aquélla en la que nace el niño, es noble y casi siempre real; la segunda, donde el niño crece, es la humilde o degradada, como por otra parte corresponde a las condiciones en que se basa nuestra interpretación. Esta diferencia sólo está borrada en la leyenda de Edipo, pues el niño abandonado por una familia real es acogido por otra pareja de reyes. No podremos considerar casual la circunstancia de que justamente en este ejemplo la identidad primitiva de ambas familias se transparente también en la leyenda.

El contraste social entre las dos familias permite al mito -destinado, como sabemos, a destacar la naturaleza heroica del gran hombre- cumplir una segunda función que adquiere particular importancia cuando se trata de personajes históricos. En efecto, también sirve para proveer al héroe con una patente de hidalguía, para encumbrarlo socialmente. Así, Ciro es un conquistador extranjero para los medos, pero gracias a la leyenda del abandono se convierte en nieto del rey medo. Con Rómulo sucede algo parecido: si realmente existió un personaje histórico que le correspondiera, fue con seguridad un aventurero venido de comarcas remotas, un advenedizo; en cambio, la leyenda lo torna descendiente y heredero de la casa regia de Alba Longa.

Muy distinto es el caso de Moisés. La primera familia, generalmente la noble, es aquí bastante modesta: Moisés es hijo de judíos levitas. La segunda, en cambio, la familia humilde en la cual suele criarse el héroe, está sustituida, aquí por la casa real de Egipto: la princesa lo cría como hijo propio. Muchos estudiosos se extrañaron ante esta discrepancia de la leyenda típica. Eduard Meyer y otros después de él aceptaron que la leyenda tuvo originalmente otra versión: El faraón habría sido advertido por un sueño profético de que un hijo de su hija le depararía peligros, a él y a su reino. Por eso hace abandonar en el Nilo al niño que acaba de nacer, pero éste es salvado por judíos, que lo crían como hijo propio. A causa de «motivos nacionales», como dice Rank, la leyenda habría sido elaborada hasta adoptar la forma que conocemos.

Pero la menor reflexión demuestra que jamás pudo existir semejante leyenda mosaica original, concordante con las demás de su especie. En efecto, la leyenda sólo pudo haber sido de origen egipcio, o bien judío. El primer caso queda excluido de antemano, pues los egipcios no tenían motivo alguno para ensalzar a Moisés, que no era un héroe para ellos. Por consiguiente, la leyenda debe haber surgido en el pueblo judío, es decir, se la habría vinculado en su versión conocida a la persona del caudillo. Más para tal fin era completamente inapropiada, pues ¿de qué podía servirle a un pueblo una leyenda que convirtiera a su gran hombre en un extranjero?

En la versión que conocemos actualmente, el mito de Moisés está muy lejos de cumplir sus propósitos secretos. Si Moisés no es convertido en hijo de reyes, la leyenda no puede proclamarlo héroe; si lo deja como hijo de judíos, nada habrá hecho para encumbrarlo.

Sólo una partícula del mito entero conserva su eficacia: la aseveración de que el niño sobrevivió, pese a los violentos poderes antagónicos exteriores; este rasgo, precisamente, se repetirá en la historia infantil de Jesucristo, en la que Herodes asume el papel del faraón. Siendo así, tendremos en efecto derecho de aceptar que algún torpe exegeta ulterior, al elaborar el material legendario, creyó necesario atribuir a su héroe, Moisés, ciertos rasgos similares a la clásica leyenda del abandono, privativa de los héroes; sin embargo, ese nuevo elemento no podía concordar con su portador, debido a las circunstancias peculiares de este caso.

Nuestra investigación se limitaría, pues, a este resultado poco satisfactorio y, además, muy incierto, de modo que nada habría contribuido a resolver el problema de si Moisés era egipcio. Pero aún disponemos de otro acceso, quizá más prometedor, para analizar la leyenda del abandono.

Volvamos a las dos familias del mito. Sabemos que en el plano de la interpretación analítica ambas son idénticas, mientras que en el plano mitológico se diferencian en una noble y otra humilde. Pero tratándose de un personaje histórico al cual se ha proyectado el mito, existe aún otro, un tercer plano: el de la realidad. En tal caso, una de las familias habría existido en la realidad: aquella en la cual el personaje, el gran hombre, efectivamente nació y se crió; la otra, en cambio, sería ficticia, creada por el mito para cumplir sus fines propios. Por lo general, la familia que realmente existió es la humilde, mientras que la ficticia es la noble.

En el caso de Moisés, algo parecía discrepar de esta norma; pero ahora podemos aclarar la situación mediante un nuevo punto de vista: En todos los casos a nuestro alcance, la primera familia, aquella que abandona al niño, es la ficticia; la segunda, en cambio, la que lo recoge y lo cría, es la verdadera. Si nos atrevemos a conceder vigencia general a esta regla, sometiéndole también la leyenda de Moisés, advertiremos de pronto con toda claridad: Moisés es un egipcio, probablemente noble, que merced a la leyenda ha de ser convertido en judío. ¡He aquí, pues, nuestro resultado! El abandono a las aguas ocupa un lugar lógico en la leyenda, pero para adaptarlo a la nueva tendencia fue preciso torcer, no sin violencia, su propósito: de motivo de perdición que era, hubo de convertirse en recurso de salvación.

Pero la discrepancia de la leyenda mosaica frente a todas las demás de su especie puede ser reducida a una particularidad que presenta la historia de Moisés. Mientras en general el héroe se eleva en el curso de su vida por sobre sus orígenes modestos, la vida heroica del hombre Moisés comienza con su descenso de las alturas, con su condescendencia hacia los hijos de Israel.

Hemos emprendido esta breve disquisición con la esperanza de que nos ofreciera un segundo y nuevo argumento favorable a la hipótesis de que Moisés era egipcio. Ya sabemos que el primer argumento, el derivado de su nombre, no presionó decisivamente a muchos estudiosos; deberemos atenernos a que el nuevo argumento, logrado al analizar la leyenda del abandono, no corra mejor suerte. Las objeciones en su contra quizá nos digan que las condiciones de formación y transformación de las leyendas todavía son demasiado enigmáticas como para justificar una conclusión como la nuestra; que las tradiciones referidas a la figura heroica de Moisés son tan confusas, tan contradictorias y llevan tantas huellas inconfundibles de multiseculares refundiciones y agregados tendenciosos que deben condenar al fracaso todo esfuerzo encaminado a revelar el núcleo de verdad histórica oculto tras ellas. Por mi parte, no comparto esta actitud negativa, pero tampoco logro refutarla.

¿Por qué he publicado, en principio, este estudio, si no nos proporciona mayor certidumbre? Lamento que tampoco mi justificación pase de algunas meras alusiones. Pero el caso es que creo que si nos dejamos llevar por los dos argumentos aquí mencionados y si tratamos de aceptar seriamente la hipótesis de que Moisés era un noble egipcio, entonces se nos abrirán perspectivas muy vastas e interesantes. Con ayuda de ciertas y no muy lejanas suposiciones, creemos comprender los motivos que animaron a Moisés en su extraordinaria decisión; además, en estrecha relación con ellos, podremos concebir el posible fundamento de numerosas características y particularidades de la legislación y la religión que él dio al pueblo judío; por fin, aún lograremos conceptos fundamentales sobre el origen de las religiones monoteístas en general. Sin embargo, conclusiones de tal importancia no pueden fundarse únicamente sobre hipótesis psicológicas. Si aceptamos la nacionalidad egipcia de Moisés como uno de los asideros, aún necesitaremos por lo menos un segundo fundamento para defender el cúmulo de nuevas hipótesis contra la crítica de que se trataría de meros productos de la fantasía, demasiado ajenos a la realidad.

Aquella condición quedaría cumplida, por ejemplo, con la demostración objetiva de la época a que corresponde la vida de Moisés y, en consecuencia, el Éxodo de Egipto. Mas no hemos podido encontrar semejante prueba, de modo que será mejor reservarnos todas las restantes deducciones inherentes al reconocimiento de que Moisés era egipcio.

II Si Moisés era Egipcio...

En una precedente colaboración a esta revista intenté afianzar con un nuevo argumento la sospecha de que el hombre Moisés, libertador y legislador del pueblo judío, no fue judío, sino egipcio. Hace tiempo se sabía que su nombre procede del léxico egipcio, aunque no se prestase debida consideración a esta circunstancia; por mí parte, agregué que la interpretación del mito del expósito que se vincula a Moisés obliga a la conclusión de que éste habría sido un egipcio a quien un pueblo entero necesitaba transformar en judío. Al concluir mi estudio afirmé que la hipótesis de que Moisés fuese egipcio daría lugar a importantes y trascendentes conclusiones, aunque por mi parte no estaría dispuesto a sustentarlas públicamente, ya que sólo se apoyaban en probabilidades psicológicas y carecían de pruebas objetivas. Cuanto más importantes son los conocimientos así adquiridos, tanto más poderosa es la resistencia a exponerlos sin seguro fundamento a la crítica ajena, cual broncíneas figuras sobre pedestales de barro. Ni la más seductora verosimilitud puede protegernos contra el error; aunque todos los elementos de un problema parezcan ordenarse como las piezas de un rompecabezas, habremos de recordar que lo probable no es necesariamente cierto, ni la verdad siempre es probable. Por fin, no nos tienta el ser incluidos entre los escolásticos y talmudistas que se deleitan en hacer jugar su perspicacia sin importarles cuán remotas de la realidad pueden ser sus afirmaciones.

No obstante estos escrúpulos, que hoy aún pesan tanto como entonces, superé el conflicto decidiéndome a continuar esa primera comunicación con este estudio, que, sin embargo, tampoco contiene todo lo anunciado, ni siquiera su parte principal.

(1)

Pues si Moisés era egipcio..., pues entonces esta hipótesis nos ofrece, como primer resultado, un nuevo enigma de difícil solución. Cuando un pueblo o una tribu se dispone a una gran empresa, cabe esperar que uno de sus miembros se erija en jefe o sea elegido para esta función. Pero no es fácil conjeturar qué puede haber inducido a un encumbrado egipcio - príncipe quizá, sacerdote o alto funcionario- a encabezar una horda de inmigrantes extranjeros, culturalmente inferiores, para abandonar con ellos su país. El conocido desprecio de los egipcios por los pueblos extranjeros presta particular inverosimilitud a semejante decisión, al punto que, según me atrevo a creer, éste es justamente el motivo por el cual aun los historiadores, que reconocieron el origen egipcio del hombre y que atribuyeron a su portador toda la sabiduría de Egipto, no quisieron considerar la posibilidad, tan evidente, de que Moisés fuese egipcio.

A esta primera dificultad no tarda en agregarse una segunda. Recordemos que Moisés no sólo fue el conductor político de los judíos radicados en Egipto, sino también su legislador y educador, y que les impuso el culto de una nueva religión, llamada aún hoy mosaica en mérito a su creador. Pero ¿acaso un solo hombre puede llegar tan fácilmente a crear una nueva religión? Además, si alguien pretende influir sobre la religión de otro, ¿por ventura no es lo más natural que comience por convertirlo a su propia religión? El pueblo judío de Egipto seguramente poseía alguna forma de religión, y si Moisés, que le dio una nueva, era egipcio, no podemos dejar de presumir que esa otra nueva religión debía ser la egipcia.

Más algo se opone a esta posibilidad: la circunstancia del tajante antagonismo entre la religión atribuida a Moisés y la egipcia. Aquélla es un monoteísmo de grandiosa rigidez: sólo existe un Dios, único, todopoderoso e inaccesible; nadie soporta su contemplación; nadie puede formarse una imagen del mismo, ni siquiera pronunciar su nombre. En la religión egipcia, en cambio, nos encontramos con un enjambre casi inabarcable de divinidades que reconocen distinto origen y jerarquía; algunas de ellas son materializaciones de grandes potencias naturales, como el cielo y la tierra, el sol y la luna; también hallamos en ocasiones una abstracción como Maat (la Verdad, la Justicia), o un monstruo como el enano Bes; pero, en general, son deidades locales, originarias de la época en que el país estaba dividido en numerosos cantones; tienen forma de animales, como si aún no hubiesen superado su descendencia de los antiguos animales totémicos; se diferencian escasamente entre sí, y apenas hay algunos destinados a cumplir funciones determinadas. Los himnos en loor de estos dioses dicen más o menos lo mismo de todos ellos, los identifican unos con otros sin la menor reserva, en forma tal que nos dejaría perdidamente confundidos. Los nombres de los dioses son combinados entre sí, de manera que uno de ellos queda reducido casi al epíteto del otro; así, en el apogeo del Nuevo Imperio, el dios principal de Tebas se llama Amon-Re, compuesto cuya primera parte designa al dios ciudadano con cabeza de carnero, mientras que Re es el nombre del dios solar de On, con cabeza de gavilán. El culto de estos dioses, como toda la vida cotidiana de los egipcios, estaba dominado por ceremonias mágicas y rituales, por conjuros y amuletos.

Algunas de estas discrepancias pueden obedecer a la contradicción fundamental entre un monoteísmo estricto y un politeísmo ilimitado. Otras son consecuencias evidentes del desnivel espiritual entre una religión muy próxima a fases primitivas y otra que se ha elevado a las alturas de la más humilde abstracción.

Quizá se deba a estos dos factores si se tiene a veces la impresión de que la antítesis entre la religión mosaica y la egipcia habría sido voluntaria y deliberadamente agudizada; así, cuando una de ellas condena con la mayor severidad toda forma de magia y hechicería, mientras que éstas florecen exuberantemente en la otra. O bien si el insaciable afán de los egipcios por materializar a sus dioses en arcilla, piedra y metal, afán al que tanto deben hoy nuestros museos, se enfrenta con la rigurosa prohibición judía de representar plásticamente a cualquier ente vivo o imaginado. Pero aún hay otra contradicción entre ambas religiones que no capta nuestra intentada explicación. Ningún otro pueblo de la antigüedad ha hecho tanto como el egipcio para negar la existencia de la muerte; ninguno adoptó tan minuciosas precauciones para asegurar la existencia en el más allá. De acuerdo con ello, el dios de los muertos, Osiris, el señor de ese otro mundo, era el más popular e indisputado de todos los dioses egipcios.

La primitiva religión judía, en cambio, renunció completamente a la inmortalidad; jamás ni en parte se menciona la posibilidad de una continuación de la existencia después de la muerte. Y esto es tanto más notable cuanto que experiencias ulteriores han demostrado que la creencia en un existir ultraterreno puede ser perfectamente compatible con una religión monoteísta.

Según esperábamos, la hipótesis de que Moisés fuese egipcio debía ser fructífera e ilustrativa en más de un sentido; pero ya nuestra primera deducción de esta hipótesis -la de que la nueva religión dada a los judíos no habría sido sino la propia, la egipcia- ha fracasado ante el reconocimiento de la discrepancia, y aún de la diametral contradicción entre ambas religiones.

(2)

Un hecho extraño en la historia de la religión egipcia, un hecho que sólo llegó a ser reconocido y apreciado en una época relativamente reciente, nos abre una nueva e inesperada perspectiva. Gracias a ella subsiste la posibilidad de que la religión que Moisés dio a su pueblo judío fuese, pese a todo, una religión egipcia, aunque no la religión egipcia.

Durante la gloriosa dinastía XVIII, bajo cuya égida Egipto llegó a ser por vez primera una potencia mundial, ascendió al trono, por el año 1375 a. J. C., un joven faraón que primero se llamó Amenhotep (IV), como su padre, pero que más tarde cambió de nombre, y por cierto algo más que su nombre. Este rey se propuso imponer a sus egipcios una nueva religión, una religión contraria a sus tradiciones milenarias y a todas sus maneras familiares de vivir. Tratábase de un rígido monoteísmo la primera tentativa de esta clase emprendida en la historia de la humanidad, en cuanto alcanzan nuestros conocimientos. Con la creencia en un dios único nació casi inevitablemente la intolerancia religiosa, extraña a los tiempos anteriores y también a largas épocas ulteriores. Pero el reinado de Amenhotep sólo duró diecisiete años, y muy poco después de su muerte, ocurrida en 1358, la nueva religión ya había sido eliminada y proscrita la memoria del rey hereje. En las ruinas de la nueva residencia que construyó y dedicó a su dios y en las inscripciones esculpidas en sus pétreas tumbas se encuentra lo poco que sabemos sobre este faraón. Pero cuanto hemos logrado averiguar sobre su personalidad, harto extraña y aun singular, merece nuestro mayor interés.

Sin embargo, todo lo nuevo debe hallar antecedentes y condiciones previas en hechos anteriores. También los orígenes del monoteísmo egipcio pueden ser perseguidos en determinado trecho con cierta certidumbre. En la escuela sacerdotal del templo solar de On (Heliópolis) se agitaban desde tiempo atrás ciertas tendencias dirigidas a desarrollar la representación de un dios universal y a destacar la faz ética de su esencia. Maat, la diosa de la Verdad, del Orden y la Justicia, era hija del dios solar Re. Ya durante el reinado de Amenhotep III, padre y antecesor del reformador, la adoración del dios solar alcanzó un nuevo apogeo, probablemente en oposición a Amon, el dios de Tebas, que se había tornado excesivamente poderoso. Se remozó un antiquísimo nombre del dios solar, Aton o Atum, y el joven rey halló en esta religión de Aton un movimiento que no era necesario crear de la nada, al que bastaba plegarse. Por esa época, las condiciones políticas de Egipto habían comenzado a ejercer poderosa influencia sobre su religión. Gracias a las campañas del gran conquistador Thothmés III, Egipto se había transformado en una potencia mundial, extendiéndose a Nubia, por el Sur; a Palestina, Siria y parte de Mesopotamia, por el Norte. Este imperialismo vino a reflejarse en la religión bajo la forma del universalismo y el monoteísmo, pues ya que la tutela del faraón comprendía ahora, además de Egipto, a Nubia y Siria, también la divinidad debía trascender su limitación nacional, y tal como el faraón era el único e indisputado señor del mundo conocido por los egipcios, también la nueva deidad egipcia hubo de asumir ese carácter. Además, era natural que Egipto se tornara más accesible a las influencias extranjeras, al dilatarse los límites del imperio; algunas de las consortes reales eran princesas asiáticas, y posiblemente aún llegaran desde Siria influencias directas del monoteísmo.

Amenhotep jamás renegó su adhesión al culto solar de On. En los dos himnos a Aton que nos han transmitido las inscripciones funerarias y que quizá fueran compuestos por el mismo rey, ensalza al sol como creador y conservador de toda vida, dentro y fuera de Egipto, con fervor tal que sólo tiene parangón, muchos siglos más tarde, en los salmos en honor del dios judío Jahve. Pero Amenhotep no se conformó con anticipar tan sorprendentemente los conocimientos científicos sobre el efecto de las radiaciones solares, pues sin duda dio un paso más, no adorando al sol tan sólo como objeto material, sino como símbolo de un ente divino cuya energía se manifiesta en sus radiaciones.

Pero no haríamos justicia al rey si lo considerásemos como mero prosélito y fomentador de una religión de Aton ya existente. Su acción fue mucho más profunda; le agregó algo nuevo, que convirtió la doctrina del dios universal en un monoteísmo: el elemento de la exclusividad. En uno de sus himnos lo dice explícitamente: «¡Oh, Tú, Dios único! ¡No hay otro Dios sino Tú!». Además, recordemos que para apreciar la nueva doctrina no basta conocer su contenido positivo, pues casi igual importancia tiene su faz negativa, el conocimiento de lo que condena. También sería erróneo aceptar que la nueva religión surgió de pronto a la vida, completa y con todas sus armas, como Pallas Athene de la cabeza de Zeus. Todo indica, más bien, que se fortaleció gradualmente durante el reinado de Amenhotep, adquiriendo cada vez mayor claridad, consecuencia, rigidez e intolerancia.

Probablemente esta evolución se llevara a cabo bajo la influencia de la violenta hostilidad que los sacerdotes de Amon opusieron a la reforma del rey. En el sexto año de su reinado la enemistad había llegado a punto tal que el rey modificó su nombre, pues una parte del mismo era el proscrito nombre divino Amon. En lugar de Amenhotep se llamó Ikhnaton. Pero no sólo extinguió el nombre del odiado dios en su propio gentilicio, sino también en todas las inscripciones, incluso donde aparecía formando parte del nombre de su padre, Amenhotep III. Poco después de repudiar su nombre, Ikhnaton abandonó Tebas, dominada por Amon, y se construyó río abajo una nueva residencia, que denominó Akhetaton («Horizonte de Aton»). Sus ruinas se llaman hoy Tell-el-Amarna.

La persecución del rey cayó con mayor dureza sobre Amon, pero no sólo sobre este dios. En todas las comarcas del reino fueron cerrados los templos, prohibidos los servicios divinos, confiscados los bienes de los templos. Más aún: el celo del rey llegó a tal punto que hizo revisar todos los viejos monumentos para borrar en ellos la palabra «dios», siempre que aparecieran en plural. Nada de extraño tiene que estas medidas de Ikhnaton despertaran una reacción de venganza fanática entre los sacerdotes sojuzgados y el pueblo descontento; estado de ánimo que pudo descargarse libremente una vez muerto el rey.

La religión de Aton no había llegado a ser popular, y probablemente no trascendiera de un pequeño círculo próximo al faraón. El fin de Ikhnaton ha quedado oculto en las tinieblas. Tenemos noticias de algunos descendientes efímeros y nebulosos de su familia. Ya su yerno Tutankhaton tuvo que regresar a Tebas y sustituir, en su nombre, al dios Aton por Amon. Luego siguió una época de anarquía, hasta que en 1350 el caudillo militar Haremhab logró restablecer el orden. La gloriosa dinastía quedó extinguida, y con ella se perdieron sus conquistas en Nubia y Asia. En este turbio interregno fueron restablecidas las antiguas religiones de Egipto; el culto de Aton quedó eliminado, la residencia de Ikhnaton fue destruida y saqueada, y su memoria, condenada como la de un criminal.

Perseguimos determinado propósito al destacar aquí algunos elementos negativos de la religión de Aton. Ante todo, el hecho de que excluye todo lo mítico, lo mágico y lo taumatúrgico.

Luego, la forma en que se representa al dios solar; ya no, como en tiempos anteriores, por una pequeña pirámide y un halcón, sino mediante un disco del cual parten rayos que terminan en manos humanas, forma que casi podríamos calificar de sobria y racional. Pese a la exuberante producción artística del período de Amarna, no se ha encontrado ninguna otra representación del dios solar ni una imagen personal de Aton, y puede afirmarse confiadamente que jamás será hallada.

Por fin, el completo silencio que se cierne sobre Osiris, el dios de la muerte, y sobre el reino de los muertos. Ni los himnos ni las inscripciones funerarias mencionan nada de lo que quizá fuese más querido al corazón del egipcio. La antítesis frente a la religión popular no podría hallar expresión más cabal.

(3)

Ahora nos aventuramos a formular la siguiente conclusión: si Moisés era egipcio y si transmitió a los judíos su propia religión, entonces ésta fue la de Ikhnaton, la religión de Aton.

Acabamos de comparar la religión judía con la popular egipcia, comprobando el antagonismo entre ambas. Ahora trataremos de cotejarla con la de Aton, esperando poder demostrar su identidad original. Sabemos que no nos encontramos ante una tarea fácil, pues debido a la furia vengativa de los sacerdotes de Amon, quizá sean insuficientes nuestros conocimientos sobre la religión de Aton. En cuanto a la religión mosaica, sólo la conocemos en su estructura final, fijada por los sacerdotes judíos unos ochocientos años más tarde, en la época posterior al Exilio. Si a pesar de estos inconvenientes del material llegásemos a hallar unos pocos indicios favorables a nuestra hipótesis, sin duda podríamos concederles gran valor.

Nos sería posible demostrar rápidamente nuestra tesis de que la religión mosaica no es sino la de Aton recurriendo a una profesión de fe, a una proclamación; más temo se nos objete que este camino no es viable. Me refiero a la profesión de fe judía, que, como se sabe, reza así: Shema Jisroel Adonai Elohenu Adonai Ejod. Si el parentesco fonético entre el nombre egipcio Aton (o Atum), la palabra hebrea Adonai y el nombre del dios sirio Adonis, no es tan sólo casual, sino producto de un arcaico vínculo lingüístico y semántico, entonces se podría traducir así aquella fórmula judía: «Oye, Israel, nuestro dios Aton (Adonai) es un dios único.» Desgraciadamente, no tengo competencia alguna para decidir esta cuestión, y tampoco hallé gran cosa sobre ella en la bibliografía; pero quizá no sea lícito recurrir a una solución tan fácil. Por lo demás, aún tendremos ocasión de volver sobre el problema del nombre divino.

Tanto las analogías como las discrepancias entre ambas religiones son manifiestas, pero no nos ofrecen muchos asideros. Ambas son formas de un monoteísmo estricto, y de antemano tenderemos a reducir todas sus analogías a este carácter básico. En algunos sentidos, el monoteísmo judío adopta una posición aún más rígida que el egipcio; por ejemplo, cuando prohíbe toda forma de representación plástica. Además del nombre del dios, la diferencia esencial consiste en que la religión judía abandona completamente la adoración del sol, en la que aún se había basado el culto egipcio. Al compararla con la religión popular egipcia tuvimos la impresión de que, junto a una oposición de principios, la discrepancia entre ambas religiones traduce cierta contradicción intencional. Tal impresión se justifica si en este cotejo sustituimos la religión judía por la de Aton, que, como sabemos, fue creada por Ikhnaton en deliberado antagonismo con la religión popular. Con razón nos asombramos por qué la religión judía nada quiera saber del más allá y de la vida ultraterrena, pues semejante doctrina sería perfectamente compatible con el más estricto monoteísmo. Pero este asombro desaparece si retrocedemos de la religión judía a la de Aton, aceptando que aquel rechazo ha sido tomado de ésta, pues para Ikhnaton representaba un arma necesaria al combatir la religión popular, cuyo dios de los muertos, Osiris, desempeñaba un papel quizá más importante que cualquier otro dios del mundo de los vivos. La concordancia de la religión judía con la de Aton en este punto fundamental es el primer argumento sólido en favor de nuestra tesis; ya veremos que no es el único.

Moisés no sólo dio a los judíos una nueva religión; también puede afirmarse con idéntica certidumbre que introdujo entre ellos la costumbre de la circuncisión. Este hecho tiene decisiva importancia para nuestro problema, aunque hasta ahora apenas haya sido considerado. Es cierto que la narración bíblica le contradice en varias ocasiones, pues por un lado hace remontar la circuncisión a la época de los patriarcas, como signo del pacto entre Dios y Abraham; por otra, en un pasaje particularmente confuso nos cuenta que Dios descargó su ira contra

Moisés por haber descuidado la práctica sagrada, queriendo matarlo por ello; pero la mujer de Moisés, una madianita, lo salvó de la cólera divina efectuando rápidamente la operación. Sin embargo, éstas son desfiguraciones que no deben inducirnos a error; más adelante ya conoceremos sus motivos. Al preguntarnos de dónde les llegó a los judíos la costumbre de la circuncisión, tendremos que seguir contestándonos: de Egipto. Heródoto, el «padre de la Historia», nos informa que la costumbre de la circuncisión existía en Egipto desde mucho tiempo atrás, y sus palabras han sido confirmadas por los exámenes de momias y aún por las figuras murales de las sepulturas. En la medida de nuestra información, ningún otro pueblo del Mediterráneo oriental tenía esa costumbre; se acepta con certeza que los semitas, babilonios y sumerios no eran circuncisos. De los pobladores de Canaán lo dice el mismo texto bíblico; por otra parte, tal circunstancia es la condición previa para el final que tuvo la aventura de la hija de Jacob con el príncipe de Sîchem.

Podemos rechazar, por inconsistente, la posibilidad de que los judíos de Egipto hubiesen adoptado la costumbre de la circuncisión por conducto distinto de la religión instituida por Moisés. Atengámonos a que la circuncisión fue una práctica general del pueblo egipcio, y aceptemos por un instante la opinión establecida de que Moisés era un judío que quiso libertar a sus compatriotas de la esclavitud egipcia, para conducirlos, fuera del país, a una existencia nacional independiente y autónoma - como, por otra parte, realmente sucedió-. En tal caso, empero, ¿qué sentido podía tener el hecho de que al mismo tiempo les impusiera una penosa costumbre que, en cierta manera, los convertía a su vez en egipcios, que había de mantener despierto en ellos el recuerdo de Egipto, mientras que, por el contrario, sus esfuerzos debían tender exclusivamente al fin opuesto, a que su pueblo olvidara el país de la esclavitud y superara la añoranza de «las ollas de las carnes» de Egipto?. No; el hecho que dimos por sentado y la suposición que le agregamos son tan inconciliables entre sí que nos atrevemos a sustentar otra conclusión: si Moisés, además de dar a los judíos una nueva religión, les impuso el precepto de la circuncisión, entonces no era judío, sino egipcio; en tal caso, la religión mosaica probablemente fuera también egipcia, aunque no una religión cualquiera, sino la de Aton, predestinada para tal fin por su antítesis con la religión popular y por sus notables concordancias con la religión judía ulterior.

Hemos comprobado que nuestra hipótesis de que Moisés no era judío, sino egipcio, crea un nuevo problema, pues sus actos, que parecían fácilmente comprensibles en un judío, se tornan inconcebibles en un egipcio. Pero si situamos a Moisés en la época de Ikhnaton y lo relacionamos con este faraón, desaparece dicho enigma y surge la posibilidad de una motivación que resolverá todos nuestros problemas. Partamos de la premisa de que Moisés era un hombre encumbrado y de noble alcurnia, quizá hasta un miembro de la casa real, como afirma el mito. Seguramente tenía plena conciencia de sus grandes dotes, era ambicioso y emprendedor; quizá soñara con dirigir algún día a su pueblo, con gobernar el reino. Muy estrechamente vinculado al faraón, era un decidido prosélito del nuevo culto, cuyas ideas fundamentales habría hecho suyas. Al morir el rey y al comenzar la reacción vio destruidas todas sus esperanzas y sus perspectivas; si no quería abjurar de sus convicciones más caras, Egipto ya nada tenía que ofrecerle: había perdido su patria. En tal trance halló un recurso extraordinario. Ikhnaton, el soñador, se había extrañado a su pueblo y había dejado desmembrarse su imperio. Con su naturaleza enérgica, Moisés forjó el plan de fundar un nuevo imperio, de hallar un nuevo pueblo al cual pudiera dar, para rendirle culto, la religión desdeñada por Egipto. Como vemos, era un heroico intento de oponerse al destino, de resarcirse doblemente por las pérdidas que le trajo la catástrofe de Ikhnaton. Moisés quizá fuera por esa época gobernador de aquella provincia limítrofe (Gosen) en la que (¿ya en tiempos de los hicsos?) se habían radicado ciertas tribus semitas. A éstas las eligió como su nuevo pueblo. ¡Decisión crucial en la historia humana!

Una vez concertado el plan con estos pueblos, Moisés se puso a su cabeza y organizó «con mano fuerte» su salida. En plena contradicción con las tradiciones bíblicas, cabe aceptar que este éxodo transcurrió pacíficamente y sin persecución alguna, pues la autoridad de Moisés lo facilitaba y en aquellos tiempos no existía un poder central que hubiese podido impedirlo. De acuerdo con esta construcción nuestra, el Éxodo de Egipto correspondería a la época entre 1358 y 1350; es decir, después de la muerte de Ikhnaton y antes de que la autoridad estatal fuera restablecida por Haremhab. El objetivo de la emigración sólo podía ser la tierra de Canaán. Después del derrumbe del dominio egipcio habían irrumpido allí huestes de belicosos arameos que la conquistaron y saquearon, demostrando así dónde un pueblo emprendedor podía hallar nuevas tierras.

Tenemos noticias de estos guerreros a través de las cartas halladas en 1887 en el archivo de las ruinas de Amarna. Allí se los llama habiru, nombre que, no se sabe cómo, pasó a los invasores judíos -hebreos- que llegaron posteriormente y a los cuales no pueden aludir las cartas de Amarna. Al sur de Palestina, en Canaán, también vivían aquellas tribus que eran parientes más próximas de los judíos emigrantes de Egipto.

Los motivos que hemos colegido en el Éxodo de los judíos también explican la práctica de la circuncisión. Sabemos cómo reaccionan los hombres, tanto los pueblos como los individuos, frente a esta antiquísima costumbre, apenas comprendida en la actualidad. Quienes no la practican, la consideran sumamente extraña y le tienen cierto horror; los otros, en cambio, los que adoptaron la circuncisión, están orgullosos de ella; se sienten elevados, como ennoblecidos, y consideran despectivamente a los demás, que les parecen impuros.

Aún hoy, el turco insulta al cristiano llamándolo «perro incircunciso». Es concebible que Moisés, a su vez circunciso por ser egipcio, también compartiera esta posición. Los judíos, con quienes se disponían a dejar la patria, debían ser para él sustitutos perfeccionados de los egipcios que dejaba atrás. En ningún caso podían ser inferiores a éstos. Quiso hacer de ellos un «pueblo sagrado» -como dice expresamente el texto bíblico-, y para indicar tal consagración también estableció entre ellos esa costumbre, que, cuanto menos, los equiparaba con los egipcios.

Además, hubo de resultarle conveniente el que esta característica aislara a los judíos, impidiéndoles mezclarse con los pueblos extraños que encontrarían en su emigración, tal como los mismos egipcios se habían discernido de todos los extranjeros.

Pero la tradición judía adoptó más tarde una actitud tal como si la oprimiera el razonamiento que acabamos de desarrollar. Conceder que la circuncisión era una costumbre egipcia introducida por Moisés casi equivalía a aceptar que la religión instituida por éste también había sido egipcia.

Existían, sin embargo, poderosas razones para negar ese hecho; en consecuencia, también era preciso contradecir todas las circunstancias relacionadas con la circuncisión.

(4)

Llegados aquí me dispongo a oír el reproche de haber levantado con excesiva o injustificada certidumbre toda esta construcción hipotética que sitúa a Moisés el egipcio, en la época de Ikhnaton; que deriva de las condiciones políticas de esa época su decisión de conducir al pueblo judío; que identifica la religión cedida o impuesta a sus protegidos con la de Aton, recién abandonada en el propio Egipto. Creo que esa objeción es injustificada. Ya he destacado el elemento dubitativo en mis palabras iniciales, estableciéndolo como un denominador común que no es preciso repetir en cada cuociente.

Algunas de mis propias observaciones críticas permiten proseguir la consideración del problema. El elemento nuclear de nuestro planteamiento, es decir, la conclusión de que el monoteísmo judío depende del episodio monoteísta en la historia de Egipto, ha sido presumido y señalado vagamente por distintos autores. Evitaré repetir aquí estas opiniones, pues ninguna de ellas nos muestra el camino por el cual puede haberse ejercido tal influencia.

Aunque nosotros la consideramos ligada indisolublemente a la persona de Moisés, también cabe considerar sobre esta base posibilidades distintas de la que preferimos. No es de creer que el derrumbamiento de la religión oficial de Aton hubiese puesto definitivo punto final a la corriente monoteísta en Egipto. La escala sacerdotal de On, de la que había surgido, sobrevivió a la catástrofe y su ideología seguramente siguió influyendo sobre generaciones enteras posteriores a Ikhnaton. Con ello, la empresa de Moisés también sería concebible, aunque éste no hubiese vivido en la época de Ikhnaton y aunque no hubiese experimentado su influencia personal; sólo es necesario que fuera un prosélito o tan sólo un miembro de la escuela de On. Esta posibilidad desplazaría la fecha del Éxodo, aproximándola a la que se suele aceptar (siglo XIII); por lo demás, ningún otro dato aboga en su favor. Aceptando esta eventualidad, tendríamos que abandonar todos los motivos que animaron a Moisés y faltaría la facilitación del Éxodo por la anarquía reinante en el país. Los reyes siguientes de la dinastía XIX implantaron un régimen fuerte. Todas las circunstancias externas e internas favorables al Éxodo sólo coinciden en la época que sigue inmediatamente a la muerte del rey hereje.

Fuera de la Biblia, los judíos poseen una rica literatura, en la cual se encuentran las leyendas y los mitos que en el curso de los siglos se formaron alrededor de la grandiosa figura de su primer conductor e institutor de la religión, transfigurándolo y oscureciéndolo a la vez. En este material pueden encontrarse diseminados algunos fragmentos de tradiciones fidedignas que no hallaron cabida en los cinco libros bíblicos. Una de dichas leyendas describe cautivantemente cómo la ambición del hombre Moisés se expresó ya en su infancia. Cierta vez que el faraón lo tomó en brazos y lo levantó jugando, el rapaz de tres años le arrancó la corona de la cabeza y se la caló a su vez. El faraón se asustó ante este presagio, apresurándose a interrogar sobre ellos a sus sabios agoreros. En otra ocasión se cuentan victoriosas acciones militares que habría cumplido en Etiopía como general egipcio, agregándose que huyó de Egipto por amenazarlo la envidia de un partido cortesano o del propio faraón. El mismo texto bíblico atribuye a Moisés algunos rasgos que cabe considerar auténticos. Lo describe como un hombre iracundo y colérico, cuando en su furia mata al brutal egipcio que maltrataba a un trabajador judío; cuando, encolerizado por la apostasía del pueblo, hace añicos las Tablas de la Ley que descendiera de la divina montaña; por fin, Dios lo castiga al término de su vida por un acto de impaciencia, sin consignarse la naturaleza de éste. Dado que semejantes cualidades no tienen finalidad laudatoria, bien podrían corresponder a la verdad histórica. Además, cabe aceptar la posibilidad de que muchos rasgos del carácter atribuidos por los judíos a la representación primitiva de su dios, calificándolo de celoso, severo e implacable, procedan en el fondo del recuerdo de Moisés, pues en realidad no había sido un dios invisible quien los sacó de Egipto, sino el hombre Moisés.

Otro rasgo que se le atribuye merece nuestro particular interés. Moisés habría sido «torpe de lengua», es decir, habría padecido una inhibición o un defecto del lenguaje, de modo que en las pretendidas discusiones con el rey necesitó la ayuda de Aarón, al cual se considera hermano suyo. También esto puede ser verdad histórica y contribuiría a dar mayor vida al retrato del gran hombre. Pero es posible asimismo que tenga una significación distinta y más importante. Podría ser que el texto bíblico aludiera, en ligera perífrasis, al hecho de que Moisés era de lengua extranjera, que no podía comunicarse sin intérprete con sus neoegipcios semitas, por lo menos al comienzo de sus relaciones. Es decir, una nueva confirmación de la tesis de que Moisés era egipcio.

Más nuestra labor parece haber tocado aquí a un término prematuro, pues, demostrada o no, por ahora nada podemos seguir deduciendo de nuestra hipótesis de que Moisés era egipcio. Ningún historiador podrá ver en el relato bíblico sobre Moisés y el Éxodo algo más que un mito piadoso, el cual transformó una antigua tradición al servicio de sus propias tendencias. Ignoramos qué decía originalmente la tradición; mucho nos agradaría averiguar cuáles fueron las tendencias deformadoras, pero éstas se ocultan tras nuestra ignorancia de los hechos históricos. No nos dejaremos confundir por el hecho de que nuestra reconstrucción no incluya tantas otras piezas brillantes del relato bíblico, como las diez plagas, el pasaje del mar Rojo y la solemne entrega de la Ley en el monte Sinaí. En cambio, no quedaremos impasibles al comprobar que nos hemos colocado en antagonismo con la más sobria investigación histórica de nuestros días.

Estos nuevos historiadores, como cuyo representante quisiéramos considerar a Eduard Meyer, se ajustan al relato bíblico en un punto decisivo. También ellos opinan que las tribus judías, de las cuales surgiría más tarde el pueblo de Israel, adoptaron en determinado momento una nueva religión. Pero este acontecimiento no se habría producido en Egipto, ni tampoco al pie de una montaña en la península de Sinaí, sino en una localidad que se designa Meribat-Qadesh, un oasis notable por su riqueza en fuentes y manantiales, situado al sur de Palestina, entre las estribaciones orientales de la península de Sinaí y el límite occidental de Arabia. Allí los judíos adoptaron la veneración de un dios llamado Jahve, probablemente de la tribu árabe de los madianitas, que habitaba comarcas vecinas. Es muy posible que también otras tribus cercanas adorasen a este dios.

Jahve era, con seguridad, un dios volcánico. Pero, como sabemos, en Egipto no existen volcanes, y tampoco las montañas de la península de Sinaí han tenido jamás tal carácter; en cambio, junto al límite occidental de Arabia existen volcanes que quizá aún se encontraran en actividad en épocas relativamente recientes. De modo que una de esas montañas debe haber sido el Sinaí-Horeb, donde se suponía que moraba Jahve. Pese a todas las modificaciones que sufrió el relato bíblico, según E. Meyer podría reconstruirse el carácter original del dios: es un demonio siniestro y sangriento que ronda por la noche y teme la luz del día, El mediador entre el dios y el pueblo, el que instituyó la nueva religión, es identificado con Moisés. Era el yerno del sacerdote madianita Jethro y pacía sus rebaños cuando tuvo la revelación divina. También recibió en Qadesh la visita de Jethro, quien le impartió instrucciones. E. Meyer afirma no haber dudado jamás que la narración de la estancia en Egipto y de la catástrofe que afectó a los egipcios contuviera algún núcleo histórico, pero evidentemente no acierta a situar y a utilizar este hecho, cuya legitimidad acepta. Sólo está dispuesto a derivar de Egipto la costumbre de la circuncisión. Este historiador aporta dos importantes indicios a nuestra precedente argumentación: primero, el de que Josué conmina al pueblo a circuncidarse «para quitar de vosotros el oprobio de Egipto»; luego, la cita de Heródoto, según la cual los fenicios (seguramente se refiere a los judíos) y los asirios de Palestina confiesan haber aprendido de los egipcios la práctica de la circuncisión. No obstante, concede escaso valor a la notación de un Moisés egipcio. «El Moisés que conocemos es el antecesor de los sacerdotes de Qadesh, es decir, un personaje de la leyenda genealógica relacionada con el culto, pero en modo alguno una personalidad histórica. Por eso, excluyendo a quienes aceptan ingenuamente la tradición como verdad histórica, ninguno de los que lo trataron como un personaje histórico logró atribuirle algún contenido determinado, no pudo representarlo como una individualidad concreta ni señalar algo que hubiese creado y que correspondiera a su obra histórica».

En cambio, Meyer no deja de acentuar las relaciones entre Moisés, por un lado, y Qadesh y Madián, por otro. «La figura de Moisés, tan íntimamente vinculada a Madián y a los lugares del culto en el desierto». «Esta figura de Moisés está, pues, indisolublemente ligada con Qadesh (Massah y Maribah), vinculación que es completada por el parentesco con el sacerdote madianita. En cambio, su relación con el Éxodo y toda la historia de su juventud son completamente secundarias y meras consecuencias de haber querido adaptar a Moisés una historia legendaria de texto cerrado en sí mismo». Meyer también indica que todas las características contenidas en la historia juvenil de Moisés son abandonadas más tarde. «Moisés, en Madián, ya no es un egipcio y nieto del faraón, sino un pastor a quien se le ha revelado Jahve. En la narración de las plagas ya no se mencionan sus antiguos parentescos, aunque bien podían haberse prestado para producir un efecto dramático; además, la orden de matar a los niños israelitas queda relegada al olvido. En la partida y en la aniquilación de los egipcios, Moisés no desempeña papel alguno y ni siquiera se le menciona.

El carácter heroico que presupone la leyenda de su niñez falta completamente en el Moisés ulterior; ya no es más que el taumaturgo, un milagrero a quien Jahve ha dotado de poderes sobrenaturales...»

No podemos eludir la impresión de que este Moisés de Qadesh y Madián, al que la propia tradición pudo atribuir la erección de una serpiente de bronce que oficiara como divinidad curativa, es un personaje muy distinto del magnífico egipcio inferido por nosotros, que dio al pueblo una religión en la cual condenaba con la mayor severidad toda magia y hechicería. Nuestro Moisés egipcio quizá no discrepara del Moisés madianita en menor medida que el dios universal Aton del demonio Jahve, habitante del monte sagrado. Y si hemos de conceder la más mínima fe a las revelaciones de los historiadores contemporáneos, no podemos sino confesarnos que la hebra que pretendíamos hilar partiendo de la hipótesis de que Moisés era egipcio ha vuelto a romperse por segunda vez, y al parecer sin dejar ahora esperanzas de poder reanudarla.

(5)

Pero también aquí nos hallamos con un expediente inesperado. Los esfuerzos por concebir a Moisés como una figura que trasciende los rasgos de un mero sacerdote de Qadesh y por confirmar la grandeza que la tradición ensalza en él, tampoco cejaron después de los trabajos de Eduard Meyer (Gressmann, entre otros). En el año 1922. Ernest Sellin hizo un descubrimiento que ejerce decisiva influencia sobre nuestro problema. Estudiando al profeta Oseas (segunda mitad del siglo VIII), halló rastros inconfundibles de una tradición según la cual Moisés, el institutor de la religión, habría tenido fin violento en el curso de una rebelión de su pueblo, tozudo y levantisco, que al mismo tiempo renegó de la religión instituida por aquél. Pero esta tradición no se limita a Oseas, sino que también la encontramos en la mayoría de los profetas ulteriores, al punto que Sellin la considera como fundamento de todas las esperanzas mesiánicas más recientes. Al concluir el Exilio de Babilonia se desarrolló en el pueblo judío la creencia de que Moisés, tan miserablemente asesinado, retornaría de entre los muertos para conducir a su pueblo arrepentido -y quizá no sólo a éste- al reino de la eterna bienaventuranza. No han de ocuparnos aquí las evidentes vinculaciones de esta tradición con el destino del fundador de una religión ulterior.

Naturalmente, tampoco esta vez puedo decidir si Sellin interpretó correctamente los pasajes proféticos; pero en caso de que tenga razón, cabe conceder autenticidad histórica a la tradición que ha descubierto, pues tales hechos no se fraguan fácilmente. Carecen de todo motivo tangible, si realmente ocurrieron, resultaría fácil comprender que se quisiera olvidarlos. No es preciso que aceptemos todos los detalles de la tradición. Sellin opina que el lugar del asesinato de Moisés corresponde a Shittim, en Transjordania; pero pronto veremos que esta localidad es incompatible con nuestros razonamientos.

Adoptemos de Sellin la hipótesis de que el Moisés egipcio fue asesinado por los judíos, que la religión instituida por él fue repudiada. Esta presunción nos permite conservar el hilo que veníamos persiguiendo, sin caer en contradicción con los resultados fidedignos de la investigación histórica. Pero en lo restante nos atrevemos a independizarnos de los autores, «avanzando sin guía por sendero virgen». El Éxodo de Egipto seguirá siendo nuestro punto de partida. Deben haber sido muchos los que abandonaron el país junto con Moisés, pues un grupo pequeño no habría merecido el esfuerzo a los ojos de este hombre ambicioso y animado de grandes proyectos. Probablemente los emigrantes habían residido en el país el tiempo suficiente como para formar una población numerosa, pero no erraremos al aceptar, con la mayoría de los autores, que sólo una pequeña parte de quienes formaron más tarde el pueblo de los judíos sufrieron realmente los azares de Egipto. En otros términos: la tribu retornada de Egipto se unió ulteriormente, en la región situada entre aquel país y Canaán, con otras tribus emparentadas que residían allí desde hacía mucho tiempo. La expresión de esta alianza, que dio origen al pueblo de Israel, fue el establecimiento de una nueva religión -la de Jahve-, común a todas las tribus; suceso que, según E. Meyer, ocurrió en Qadesh, bajo la influencia madianita. Después de esto, el pueblo se sintió con fuerzas suficientes para emprender la invasión de Canaán. Este proceso es incompatible con el hecho de que la catástrofe de Moisés y de su religión ocurriera en Transjordania; por el contrario, debe haber sucedido mucho antes de la alianza.

En la formación del pueblo judío seguramente se aunaron muy distintos elementos, pero la mayor discrepancia entre estas tribus debe haber residido en su pasado: si habían estado o no en Egipto y si soportaron los azares consiguientes. Basándonos en este elemento, podemos decir que la nación judía surgió de la fusión de dos componentes; y, en efecto, de acuerdo con ello, la nación se desmembró, luego de un breve período de unidad política, en dos partes: el reino de Israel y el reino de Judea. La historia se complace en semejantes retornos a estos previos que anulan fusiones ulteriores y manifiestan de nuevo las divisiones precedentes. El caso más notable de esta clase lo constituye, como se sabe, la Reforma, que volvió a manifestar, al cabo de más de un siglo, la línea divisoria entre la parte de Germania que otrora había sido romana y la que siempre permaneció independiente. Para el caso del pueblo judío no podemos demostrar una reproducción tan fiel del viejo estado de cosas, nuestros conocimientos de esas épocas son demasiado inseguros como para justificar la afirmación de que en el reino septentrional se habrían reunido las tribus autócratas, y en el reino meridional, las retornadas de Egipto. Como quiera que sea, el cisma ulterior también debe haber guardado relación, en este caso, con la fusión precedente. Con toda probabilidad, los que volvieron de Egipto formaban minoría, pero demostraron ser culturalmente más fuertes; ejercieron una influencia más poderosa sobre la evolución ulterior del pueblo, porque traían consigo una tradición que faltaba a los otros.

Quizá trajeran también algo más tangible que una tradición. Entre los más grandes enigmas de la prehistoria judía se encuentra el del origen de los levitas. Se los remonta a una de las doce tribus de Israel, a la de Leví, pero ninguna tradición se aventuró a indicar de dónde procedía esta tribu o qué comarca del país conquistado de Canaán le fue adjudicada. Sus miembros ocupaban los más importantes cargos sacerdotales, pero se los distinguía de los sacerdotes: un levita no es por fuerza un sacerdote; no se trata, pues, del nombre de una casta. Nuestra premisa sobre la persona de Moisés nos aproxima a una explicación. No es de creer que un gran señor, como el egipcio Moisés, se uniese sin compañía a un pueblo que le era extraño; sin duda llevó consigo un séquito: sus prosélitos más próximos, sus escribas, su servidumbre. Esos fueron originalmente los levitas. La afirmación tradicional de que Moisés era un levita parece una desfiguración muy trasparente de la verdad: los levitas eran las gentes de Moisés. Esta solución es abonada por el hecho, ya mencionado en mi ensayo precedente, de que sólo entre los levitas siguen apareciendo, más tarde, nombres egipcios. Cabe suponer que buena parte de esta gente de Moisés escapase a la catástrofe que cayó sobre él y sobre su institución religiosa. En las generaciones siguientes se multiplicaron y se fundieron con el pueblo en el cual vivían, pero permanecieron fieles a su amo, mantuvieron vivo su recuerdo y cultivaron la tradición de sus doctrinas.

En la época de la fusión con los creyentes de Jahve formaban una minoría de gran influencia y de cultura superior.

Doy por establecido, por ahora con carácter hipotético, que entre la caída de Moisés y la institución religiosa en Qadesh transcurrieron dos generaciones, quizá un siglo entero. No veo modo alguno que nos permita decidir si los neoegipcios -como aquí quisiera llamarlos a manera de distinción-, es decir, si los emigrantes se encontraron con las tribus emparentadas después que hubieron adoptado la religión de Jahve, o si ya se juntaron anteriormente. Podría considerarse como más probable esta última eventualidad; pero, en todo caso, nada importa para el resultado final, pues lo que sucedió en Qadesh fue una transacción que exhibe de manera inconfundible la participación de las tribus mosaicas.

Una vez más podemos remitirnos al testimonio de la circuncisión, que ya nos ha prestado servicios tan importantes en repetidas ocasiones, cual si fuera un «fósil cardinal». Esta costumbre se convirtió también en un precepto de la religión de Jahve, y estando indisolublemente vinculada a Egipto, sólo puede haber sido aceptada por concesión a los secuaces de Moisés, quienes -o, en todo caso, los levitas entre ellos- no querían renunciar a este signo de su consagración. Por lo menos eso querían salvar de su antigua religión, y a tal precio estaban dispuestos a aceptar la nueva deidad y cuanto le atribuían los sacerdotes madianitas. Es posible que también obtuvieran otras concesiones. Ya hemos mencionado que el ritual judío impone ciertas restricciones en el uso del nombre de Dios. En lugar de Jahve debía decirse Adonai. Sería fácil vincular este precepto con el razonamiento que venimos siguiendo, pero se trata de una mera conjetura sin mayor fundamento. La prohibición de pronunciar el nombre divino es, como sabemos, un antiquísimo tabú. No se llega a comprender por qué reapareció precisamente en los mandamientos judíos, pero no es imposible que ello sucediera bajo la influencia de una nueva motivación. No es preciso suponer que la prohibición fuera cumplida consecuentemente, pues el nombre del dios Jahve quedó librado a la formación de nombres propios teofóricos, es decir, de los compuestos como Johanan, Jehú, Josué. Sin embargo, este nombre estaba rodeado de circunstancias peculiares. Es sabido que la exégesis de la Biblia acepta dos fuentes para el Hexateuco, designadas con las letras J y E, porque una de ellas emplea el nombre divino Jahve, mientras que la otra recurre a Elohim.

Es cierto que dice Elohim y no Adonai, pero puede aducirse aquí la observación de un autor ya citado: «Los nombres distintos son el índice de dioses primitivamente distintos».

Aceptamos que la subsistencia de la circuncisión era una prueba de la transacción realizada al instante la religión en Qadesh. Sus términos podemos colegirlos de los relatos concordantes de J y E, es decir, de las partes que proceden de una fuente común (crónica escrita o tradición oral). La tendencia directriz era la de demostrar la grandeza y el poderío del nuevo dios Jahve. Dado que la gente de Moisés concedía tan alto valor a su Éxodo de Egipto, este acto de liberación hubo de ser atribuido a Jahve, ornándolo con aderezos que proclamaran la terrible grandeza del dios volcánico, como la columna de humo que de noche se convertía en columna de fuego, como la tempestad que dejó momentáneamente seco el mar, de modo que los perseguidores fueron ahogados por las aguas al cerrarse éstas sobre ellos. Al mismo tiempo, el Éxodo fue aproximado a la fundación de la religión, negándose el prolongado intervalo que media entre ambos hechos; tampoco se deja que la entrega de la Ley suceda en Qadesh, sino que se la sitúa al pie de la montaña sagrada, entre manifestaciones de una erupción volcánica. Pero esta representación cometió gran injusticia contra la memoria del hombre Moisés, pues él, y no el dios volcánico, había sido quien libertó al pueblo de los egipcios. Debíasele, pues, una indemnización, que le fue rendida transportándolo a Qadesh o al Sinaí-Horeb y colocándolo en lugar de los sacerdotes madianitas. Más adelante indicaremos cómo esta solución vino a satisfacer una segunda tendencia, urgente e ineludible. De tal manera, se estableció una especie de compensación: a Jahve, originario de una montaña madianitas se lo dejó extender su injerencia a Egipto; la existencia y la actividad de Moisés, en cambio, fueron extendidas hasta Qadesh y Transjordania, fundiéndolo así con la persona del que ulteriormente instituyó la religión, con el yerno del madianita Jethro, a quien prestó su nombre de Moisés. Pero nada personal podemos decir de este otro Moisés, que es completamente ocultado por el anterior, el egipcio. El único recurso consiste en partir de las contradicciones que presenta el texto bíblico al trazar el retrato de Moisés. Muchas veces lo presenta como dominante, irascible, aun violento; y, sin embargo, también se dice de él que habría sido el más benigno y paciente de los hombres. Es evidente que estas últimas propiedades poco habrían servido al Moisés egipcio, que proyectaba tan grandes y arduas empresas con su pueblo; quizá fueron rasgos pertenecientes al otro, al madianita.

Creo que es lícito separar de nuevo a ambas personas, aceptando que el Moisés egipcio jamás estuvo con Qadesh ni oyó el nombre de Jahve, y que el Moisés madianita nunca pisó el suelo de Egipto y nada sabía de Aton. Para fundir entre sí a ambas personas, la tradición o la leyenda tuvieron que llevar hasta Madián al Moisés egipcio, y ya hemos visto que para explicar este hecho circulaba más de una versión.

(6)

Estamos dispuestos a oír de nuevo el reproche de que hemos procedido con excesiva e injustificada certitud al reconstruir la prehistoria del pueblo de Israel. Pero esta crítica no puede vulnerarnos, pues halla eco en nuestro propio juicio. Bien sabemos que nuestro edificio tiene puntos débiles, pero también pilares sólidos. En su totalidad, nos da la impresión de que valdrá la pena proseguir el estudio en la dirección emprendida. La narración bíblica de que disponemos contiene valiosos y hasta inapreciables datos históricos, que, sin embargo, han sido deformados por influencias tendenciosas y ornados con los productos de la inventiva poética. En el curso de nuestro precedente análisis ya pudimos revelar una de estas tendencias adulteradoras, hallazgo que nos señalará el camino a seguir: la revelación de otras tendencias semejantes. Si disponemos de asideros que nos permitan reconocer las deformaciones producidas por dichas tendencias, lograremos revelar tras ellas nuevos fragmentos de la verdad.

Ante todo, dejemos que la investigación crítica de la Biblia nos diga cuanto sabe sobre los orígenes del Hexateuco, es decir, los cinco libros de Moisés y el de Josué, únicos que aquí nos interesan. Como fuente más antigua se considera a J, el Jahvista, que recientemente se ha querido identificar con el sacerdote Ebjatar, un contemporáneo del rey David. Algo más tarde, aunque no se sabe bien cuándo, aparece el llamado Elohista, que pertenece al reino septentrional. Después de la caída de este reino, en 722, un sacerdote judío, reunió partes de J y de E, añadiéndoles algunas contribuciones propias, compilación que se designa JE. En el siglo VII se agrega el Deuteronomio, quinto libro que se pretendía haber hallado, ya completo, en el Templo. En la época que sigue a la destrucción del Templo (586), en el Exilio y después del retorno, se sitúa la refundición denominada Códice sacerdotal. En el siglo V la obra es objeto de su redacción definitiva, y desde entonces ya no fue esencialmente modificada.

Con toda probabilidad, la historia del rey David y de su época es obra de uno de sus contemporáneos. Se trata de un genuino trabajo historiográfico, cinco siglos antes de Heródoto, el «padre de la Historia», una empresa que podríamos explicarnos más fácilmente si la atribuyésemos a influencia egipcia, de acuerdo con nuestra hipótesis. Hasta se ha llegado a plantear la suposición de que los primitivos israelitas de esa época, los escribas de Moisés, habrían tenido cierta injerencia en la invención del primer alfabeto. Naturalmente, es imposible establecer la medida en que las noticias sobre épocas anteriores reposan en crónicas muy antiguas o en tradiciones orales, ni podemos determinar en cada caso el lapso que medió entre un suceso determinado y su documentación escrita. Pero el texto que tenemos ante nosotros también nos habla con elocuencia sobre su propia historia. Advertimos en él las huellas de dos influencias antagónicas entre sí. Por un lado, fue sometido a elaboraciones que lo falsearon de acuerdo con tendencias secretas, mutilándolo o ampliándolo, hasta invertir a veces su sentido; por otro lado, veló sobre él un piadoso respeto que trató de conservar intactas todas sus partes, siéndole indiferente si los diversos elementos concordaban entre sí o se contradecían mutuamente. De tal suerte, en casi todos los pasajes de la Biblia se encuentran flagrantes omisiones, molestas repeticiones, contradicciones manifiestas; signos todos que traducen cosas que nunca se había querido exponer. En la deformación de un texto sucede algo semejante a lo que ocurre en un crimen. La dificultad no está en cometerlo, sino en borrar sus huellas. Quisiéramos dar a la palabra «deformación» [`Entstellung'] el doble sentido que denota, por más que hoy ya no se lo aplique. En efecto, no significa tan sólo alterar una forma, sino también desplazar algo a otro lugar, trasladarlo. Por consiguiente, en muchos casos de deformación de un texto podremos contar con que hallaremos oculto en alguna otra parte lo suprimido y lo negado, aunque allí se encontrará modificado y separado de su conexo, de modo que no siempre será fácil reconocerlo.

Las tendencias deformadoras que procuramos captar ya deben haber actuado sobre las tradiciones antes de que fuesen registradas por escrito. Una de ellas, quizá la más poderosa de todas, ya la hemos descubierto. Decíamos que al ser instituido en Qadesh el nuevo dios Jahve surgió la necesidad de hacer algo para glorificarlo. Sería más correcto decir: fue necesario imponerlo, abrirle campo, borrar las huellas de religiones anteriores. Esto parece haber sido logrado por completo en lo que se refiere a la religión de las tribus autóctonas, pues ya nada oímos de ella.

Con los emigrantes, en cambio. no fue tan fácil alcanzarlo, pues no querían dejarse robar el Éxodo de Egipto, el hombre Moisés ni la costumbre de la circuncisión. Por consiguiente, se aceptó que habían estado en Egipto, pero que habían vuelto a abandonar este país, y desde ese momento debía ser negado todo rastro de la influencia egipcia. Se eliminó al hombre Moisés, trasladándolo a Madián y a Qadesh, y fundiéndolo con el sacerdote que fundó la religión de Jahve. La circulación, el signo más indeleble de la dependencia de Egipto, hubo de ser conservado, pero no faltaron los intentos para desvincular esta costumbre de Egipto, pese a todas las pruebas en contrario. El pasaje tan enigmático del Éxodo, escrito en estilo casi incomprensible, según el cual Jahve se habría encolerizado con Moisés por haber descuidado éste el precepto de la circuncisión, salvándolo su mujer madianita al realizar rápidamente la operación, sólo puede ser concebido como una contradicción intencionada contra aquella verdad tan sospechosa. Pronto nos encontraremos con otra invención destinada a eliminar dicho incómodo testimonio.

Cuando aparecen intentos de negar rotundamente que Jahve fuese un dios nuevo, extraño a los judíos, resulta difícil atribuirlos a una nueva tendencia, pues más bien representan continuaciones de la ya esbozada. Para cumplir aquel propósito se recurre a los mitos de los patriarcas del pueblo judío, a Abraham, Isaac y Jacob. Jahve asevera haber sido ya el dios de esos patriarcas, aunque se ve obligado a confesar que ellos no lo habrían venerado bajo este, su propio nombre.

Pero no agrega cuál fue el otro nombre; y aquí se ofrecía la oportunidad para emprender un ataque decisivo contra el origen egipcio de la circuncisión. Jahve ya se la habría impuesto a Abraham, estableciéndola como testimonio de su pacto con los descendientes del patriarca. Pero esto era una ficción torpe en grado sumo, pues como signo que debe distinguirlo a uno de los demás y que le asegurará un rango de preferencia, se elige algo que no exista en otros, y no algo que millones de seres extraños también podrían exhibir. Cualquier israelita trasladado a Egipto tendría que haber reconocido a todos los egipcios como hermanos de alianza, como hermanos en Jahve. El hecho de que la circuncisión fuese una costumbre nativa en Egipto de ningún modo pudo ser ignorado por los israelitas, que crearon el texto de la Biblia. El pasaje del libro de Josué, mencionado por Eduard Meyer, lo admite sin reservas, pero la circunstancia misma debía ser refutada a cualquier precio.

No se pretenderá que la formación de mitos religiosos tenga gran consideración con el razonamiento lógico. De no ser así, el sentimiento popular podría haberse indignado justificadamente por la conducta de un dios que, habiendo concertado un pacto de mutuo compromiso con los antepasados, no se preocupa luego de sus socios humanos durante siglos enteros, hasta que de pronto se le ocurre revelarse de nuevo a los descendientes. Más extraña aún es la idea de que un dios «elija» de pronto a un pueblo, proclamándolo como «su» pueblo, y a sí mismo como dios de éste. Creo que se trata del único caso semejante en la historia de las religiones. En general, el dios y su pueblo están indisolublemente unidos, constituyen desde el principio una unidad, y aunque a veces oímos de un pueblo que adopta a otro dios, jamás hallamos un dios que elija un nuevo pueblo. Quizá logremos comprender este proceso singular teniendo en cuenta las relaciones entre Moisés y el pueblo judío. Moisés había condescendido a unirse con los judíos, hizo de ellos su pueblo; ellos fueron su «pueblo elegido».

La incorporación de los patriarcas a la nueva región de Jahve sirvió también a otro propósito. Habían vivido en Canaán, su recuerdo estaba ligado a determinados lugares de esa comarca; quizá aun fueran, originalmente, divinidades locales o héroes cananeos que los israelitas inmigrantes adoptaron más tarde para reconstruir su prehistoria. Al evocarlos, se afirmaba en cierta manera el propio origen autóctono y se evitaba así el odio dirigido contra el conquistador intruso. Por cierto un recurso muy hábil, pues de tal manera el dios Jahve no hacía sino restituirles lo que sus antecesores habían poseído.

En las contribuciones ulteriores al texto bíblico prevaleció el propósito de evitar toda mención de Qadesh. Como lugar en que había sido instituida la religión se adoptó definitivamente el monte sagrado Sinaí-Horeb. El motivo de ello no es claramente visible; quizá se pretendiera evitar el recuerdo de la influencia que tuvo Madián. Pero todas las deformaciones ulteriores, especialmente las introducidas en la época del denominado Códice sacerdotal, sirven a otro propósito. Ya no era necesario deformar en sentido determinado las crónicas de sucesos pretéritos, pues eso se había logrado tiempo atrás. En cambio, se trató de referir a épocas pasadas ciertos mandamientos e instituciones del presente buscándoles, por lo general, fundamentos en la legislación mosaica, para derivar de ella su título de santidad y autoridad.

Pese a todas las falsificaciones que de este modo sufrió el cuadro del pasado, el procedimiento no carece de cierta justificación psicológica. En efecto, reflejaba el hecho de que, al correr de largos tiempos -desde el Éxodo de Egipto hasta la fijación del texto bíblico bajo Esdras y Nehemías transcurrieron unos ochocientos años-, la religión de Jahve había seguido una evolución retrógrada, hasta coincidir, quizá hasta ser idéntica con la religión primitiva de Moisés.

He aquí el resultado medular, el contenido crucial de la historia de la religión judía.

(7)

Entre todos los acontecimientos de la prehistoria judía que los poetas, los sacerdotes y los historiadores ulteriores trataron de elaborar se destaca uno que era necesario suprimir por los más obvios y poderosos motivos humanos. Se trata del asesinato de Moisés, el gran conductor y libertador, crimen que Sellin pudo colegir a través de alusiones contenidas en los libros de los profetas. No cabe calificar de fantástica la hipótesis de Sellin, pues tiene suficientes visos de probabilidad. Moisés, discípulo de Ikhnaton, tampoco empleó métodos distintos a los del rey: ordenó, impuso al pueblo su creencia. La doctrina de Moisés quizá fuera aún más rígida que la de su maestro, pues ya no necesitaba ajustarse al dios solar, dado que la escuela de On carecía de todo significado para el pueblo extranjero. Tanto Moisés como Ikhnaton sufrieron el destino de todos los déspotas ilustrados. El pueblo judío de Moisés era tan incapaz como los egipcios de la dinastía XVIII para soportar una religión tan espiritualizada, para hallar en su doctrina la satisfacción de sus anhelos. En ambos casos sucedió lo mismo: los tutelados y oprimidos se levantaron y arrojaron de sí la carga de la religión que se les había impuesto. Pero mientras los apacibles egipcios esperaban hasta que el destino hubo eliminado a la sagrada persona del faraón, los indómitos semitas tomaron el destino en sus propias manos y apartaron al tirano de su camino.

Tampoco se puede negar que el texto bíblico, tal como se ha conservado, induce a aceptar este fin de Moisés. La narración de la «peregrinación por el desierto» -que bien puede corresponder a la época del dominio de Moisés- describe una serie de graves sublevaciones contra su autoridad, que -de acuerdo con la ley de Jahve- son reprimidas con sangrientos castigos. Es fácil imaginarse que alguna de estas revueltas tuviese un desenlace distinto del que refiere el texto. Este también nos narra la apostasía del pueblo, aunque lo hace en forma meramente episódica. Trátase de la historia del becerro de oro, en la cual, gracias a un hábil giro, se atribuye al propio Moisés el haber quebrado en su cólera las Tablas de la Ley, acto que debería comprenderse en sentido simbólico («él ha quebrado la ley»).

Llegó una época en la cual se lamentó el asesinato de Moisés y se trató de olvidarlo; sin duda, esto ocurrió en el tiempo del encuentro en Qadesh. Pero abreviando el intervalo entre el Éxodo y la institución religiosa en el oasis, haciendo que en ésta interviniera Moisés en lugar de aquel otro personaje, no sólo quedaban satisfechas las exigencias de la gente de Moisés, sino que también se lograba negar el hecho penoso de su violenta eliminación. En realidad es muy poco probable que Moisés hubiese podido tomar parte en los sucesos de Qadesh, aunque su vida no hubiera tenido un fin prematuro.

Ha llegado el momento de intentar una aclaración de las relaciones cronológicas entre estos hechos. Hemos dejado establecido el Éxodo de Egipto en la época que sigue al fin de la dinastía XVIII (1350 a. J. C.). Puede haber ocurrido entonces o poco más tarde, pues los cronistas egipcios incluyeron los siguientes años de anarquía en la regencia de Haremhab, que le puso fin y que gobernó hasta 1315 a. J. C. El más próximo, pero también el único dato cronológico, lo ofrece la estela de Merneptah (1225-1215 a. J. C.), que celebra el triunfo sobre Isiraal (Israel) y la devastación de sus simientes (?). Por desgracia, la interpretación de este jeroglífico es dudosa, pero se lo acepta como prueba de que ya entonces había tribus israelitas radicadas en Canaán. E. Meyer deduce con acierto de esta estela que Merneptah no pudo haber sido el faraón en cuya época se produjo el Éxodo, como anteriormente se venía aceptando. El Éxodo debe corresponder a una época anterior; por lo demás, es vano preguntarse quién reinaba a la sazón, pues no hay tal faraón del Éxodo, ya que éste se produjo durante un interregno. Más el descubrimiento de la estela de Merneptah tampoco arroja luz sobre la posible fecha de la unión y de la conversión religiosa en Qadesh. Lo único cierto es que tuvieron lugar en algún momento entre 1350 y 1215 a. J. C. Sospechamos que, dentro de ese siglo, el Éxodo está muy próximo a la primera de esas fechas, y los sucesos de Qadesh no se alejan demasiado de la segunda.

Quisiéramos reservar la mayor parte de este período para situar el intervalo que medió entre ambos hechos, pues nos es preciso contar con cierto lapso para que se apaciguaran entre los emigrantes las pasiones agitadas por el asesinato de Moisés y para que la influencia de su gente, de los levitas, aumentara en la medida que presupone el compromiso de Qadesh. Quizá bastaran para ello dos generaciones, unos sesenta años; pero este intervalo casi es demasiado exiguo. La fecha que arroja la estela de Merneptah viene a trastornar nuestros cálculos, pues es demasiado temprana; por otro lado, ya que en nuestra construcción cada hipótesis sólo se funda sobre otra anterior, confesamos que estas consideraciones cronológicas descubren un lado débil de nuestros argumentos. Por desgracia, todo lo concerniente al establecimiento del pueblo judío en Canaán no es menos incierto y confuso.

Quizá nos quede el recurso de aceptar que el nombre inscrito en la estela de Israel no se refiera a las tribus cuyo destino intentamos perseguir, que más tarde se fundieron para formar el pueblo israelita. Ello no sería imposible, pues también pasó a este pueblo el nombre de los Habiru (= hebreos), de la época de Amarna.

Cualquiera que sea la fecha en que las tribus se reunieron para formar una nación al aceptar una religión común, este suceso fácilmente podría haber quedado reducido a un acto bastante intrascendente para la historia de la humanidad. En tal caso, la nueva religión habría sido arrastrada por la corriente de los hechos; Jahve habría podido ocupar su plaza en la procesión de los dioses pretéritos que concibió Flaubert; de su pueblo se habrían «perdido» las doce tribus, y no sólo las diez que los anglosajones buscaron durante tanto tiempo. El dios Jahve, a quien Moisés el madianita condujo un nuevo pueblo, probablemente no fuera en modo alguno un ente extraordinario. Era un dios local, violento y mezquino, brutal y sanguinario; había prometido a sus prosélitos la «tierra que mana leche y miel», y los incitó a exterminar «con el filo de la espada» a quienes la habitaban a la sazón. Es en verdad sorprendente que a pesar de todas las refundiciones aún queden en el texto bíblico tantos datos que permiten reconocer el carácter original del dios. Ni siquiera es seguro que su religión fuese un verdadero monoteísmo, que negase categoría divina a las deidades de otros pueblos. Probablemente se limitara a afirmar que el propio dios era más poderoso que todos los dioses extranjeros. Si, pese a esto, todo siguió más tarde un curso distinto del que permitían suponer tales comienzos, ello sólo pudo obedecer a un hecho: Moisés, el egipcio, había dado a una parte del pueblo una representación divina más espiritualizada y elevada, la noción de una deidad única y universal, tan dotada de infinita bondad como de omnipotencia, adversa a todo ceremonial y a toda magia; una deidad que impusiera al hombre el fin supremo de una vida dedicada a la verdad y a la justicia. En efecto, a pesar de lo fragmentarias que son nuestras informaciones sobre los elementos éticos de la religión de Aton, no puede carecer de importancia el que Ikhnaton siempre se calificara a sí mismo, en sus inscripciones, como «el que vive en Maat» (Verdad, Justicia). A la larga, nada importó que el pueblo, quizá ya al poco tiempo, rechazara la doctrina de Moisés y lo eliminara a él mismo, pues subsistió su tradición, cuya influencia logró, aunque sólo paulatinamente, en el curso de los siglos, lo que no alcanzara el propio Moisés. El dios Jahve adquirió honores inmerecidos cuando, a partir de Qadesh, se le atribuyó la hazaña libertadora de Moisés, pero tuvo que pagar muy cara esta usurpación. La sombra del dios cuyo lugar había ocupado se tornó más fuerte que él; al término de la evolución histórica volvió a aparecer, tras su naturaleza, el olvidado dios mosaico. Nadie duda de que sólo la idea de este otro dios permitió al pueblo de Israel soportar todos los golpes del destino y sobrevivir hasta nuestros días.

En el triunfo final del dios mosaico sobre Jahve ya no puede comprobarse la participación de los levitas. Cuando se selló el compromiso de Qadesh, estos habían defendido a Moisés, animados aún por el recuerdo vivo de su amo, cuyos secuaces y compatriotas eran. Pero en los siglos ulteriores terminaron por confundirse con el pueblo o con la clase sacerdotal, y precisamente los sacerdotes asumieron la misión cardinal de desarrollar y vigilar el ritual, de guardar y refundir según sus propios designios los libros sagrados. Pero ¿acaso todo sacrificio y todo ceremonial no eran, en el fondo, sino la magia y hechicería que la antigua doctrina de Moisés había condenado incondicionalmente ? Más entonces surgieron del pueblo, en interminable sucesión, hombres que no descendían necesariamente de la gente de Moisés, pero que también se sentían poseídos por la grande y poderosa tradición que paulatinamente había ido creciendo en la sombra; y fueron estos hombres, los profetas, quienes proclamaron incansablemente la antigua doctrina mosaica, según la cual el dios condenaba los sacrificios y el ceremonial, exigiendo tan sólo la fe y la consagración a la verdad y a la justicia (Maat). Los esfuerzos de los profetas tuvieron éxito duradero; las doctrinas con las que restablecieron la vieja creencia se convirtieron en contenido definitivo de la religión judía. Suficiente honor es para el pueblo judío que haya logrado mantener viva semejante tradición y producir hombres que la proclamaran, aunque su germen hubiese sido foráneo, aunque la hubiese sembrado un gran hombre extranjero.

No me sentiría seguro en este terreno si no pudiese referirme al juicio de otros investigadores idóneos que consideran en igual forma la significación de Moisés para la historia de la religión judía, aunque no acepten su origen egipcio. Así, por ejemplo, dice Sellin: «Por consiguiente, en principio debemos representarnos la verdadera religión de Moisés, la creencia en el dios único, ético, que ella proclama, como atributo de un pequeño círculo del pueblo. En principio, no podremos esperar hallarla en el culto oficial, en la religión de los sacerdotes, en las creencias populares. Sólo podemos contar, en principio, con que ora aquí ora allá, vuelva a inflamarse alguna vez una chispa de la gran conflagración espiritual que otrora provocara; que sus ideas no hubiesen muerto, sino que influyeran silenciosamente sobre las creencias y las costumbres, hasta que alguna vez, tarde o temprano, bajo el influjo de vivencias poderosas o de personalidades profundamente imbuidas de este espíritu, volviesen a surgir con mayor potencia y lograsen dominio sobre las grandes masas del pueblo. En principio, la historia de la antigua religión israelita debe considerarse desde este punto de vista. Quien pretendiera reconstruir la religión mosaica de acuerdo con la forma en que las crónicas históricas nos la describen en la vida popular durante los primeros cinco siglos en Canaán, cometería el más grave error metodológico.» Volz se expresa aún más claramente: considera «que la gigantesca obra de Moisés sólo fue comprendida y aplicada, al principio, muy débil y escasamente, hasta que en el curso de los siglos se impuso cada vez más, y por fin encontró en los grandes profetas espíritus afines que continuaron la obra del solitario sembrador».

Con esto he llegado al término de mi trabajo, que en realidad sólo estaba destinado al único fin de adaptar la figura de un Moisés egipcio a la historia judía. Expondré en breves fórmulas el resultado alcanzado. A las conocidas dualidades de la historia judía -dos pueblos que se funden para formar una nación, dos reinos en que se desmiembra esta nación, dos nombres divinos en las fuentes de la Biblia- agregamos dos nuevas dualidades: dos fundaciones de nuevas religiones, la primera desplazada por la segunda y más tarde resurgida triunfalmente tras aquélla; dos fundadores de religiones, denominados ambos con el mismo nombre de

Moisés, pero cuyas personalidades hemos de separar entre sí. Más todas estas dualidades no son sino consecuencias forzosas de la primera: de que una parte del pueblo sufrió una experiencia que cabe considerar traumática y que la otra parte eludió. Al respecto aún queda mucho por considerar, por explicar y confirmar; sólo entonces podría justificarse, en realidad, el interés dedicado a nuestro estudio, puramente histórico. Sería, por cierto, una tarea tentadora la de estudiar, en el caso especial del pueblo judío, en qué consiste la índole intrínseca de una tradición y a qué se debe su particular poderío; cuán imposible es negar el influjo personal de determinados grandes hombres sobre la historia de la humanidad; qué profanación de la grandiosa multiformidad de la vida humana se comete al no aceptar sino los motivos derivados de necesidades materiales; de qué fuentes derivan ciertas ideas, especialmente las religiosas, la fuerza necesaria para subyugar a los individuos y a los pueblos. Semejante continuación de mi trabajo vendría a relacionarse con opiniones formuladas hace veinticinco años en Totem y tabú; pero ya no me siento con fuerzas suficientes para realizar esta labor.

III Moisés, su Pueblo y la Religión Monoteísta

Prefacio I

(Antes de marzo de 1938, en Viena)

Con la audacia de quien poco o nada tiene que perder, me dispongo a quebrantar por segunda vez un propósito bien fundado, agregando a los dos trabajos sobre Moisés, ya publicados en la revista Imago (tomo XXIII, números 1 y 3), la parte final que hasta ahora me había reservado. Concluí la anterior asegurando saber que mis fuerzas no bastarían para esta tarea, y desde luego me refería al debilitamiento de la capacidad creadora que acompaña la edad avanzada; pero también pensaba en otro obstáculo.

Vivimos en una época harto extraña. Comprobamos, asombrados, que el progreso ha concluido un pacto con la barbarie. En la Rusia soviética se acometió la empresa de mejorar la forma de vida de unos cien millones de seres mantenidos en la opresión. Se tuvo la osadía de sustraerles el «opio» de la religión y la sensatez de concederles una medida razonable de libertad sexual, pero al mismo tiempo se los sometió a la más cruel dominación, quitándoles toda posibilidad de pensar libremente. Con análoga violencia se pretende imponer al pueblo italiano el sentido del orden y del deber. El ejemplo que ofrece el pueblo alemán aún llega a aliviarnos de una preocupación que nos venía inquietando, pues en él comprobamos que también se puede caer en barbarie casi prehistórica, sin invocar para ello ninguna idea progresista. Como quiera que sea, los sucesos han venido a dar en una situación tal que las democracias conservadoras son hoy las que protegen el progreso de la cultura, y por extraño que parezca, la institución de la Iglesia católica es precisamente la que opone una poderosa defensa contra la propagación de ese peligro cultural. ¡Nada menos que ella, hasta enemiga acérrima del libre pensamiento y de todo progreso hacia el reconocimiento de la verdad!

Vivimos en un país católico, protegido por esa Iglesia, sin saber a ciencia cierta cuánto durará esta protección. Pero mientras subsista es natural que vacilemos en emprender algo que pudiera despertar su hostilidad. No se trata de cobardía, sino de mera precaución, pues el nuevo enemigo, a cuyos intereses nos guardaremos de servir, es más peligroso que el viejo, con el cual ya habíamos aprendido a convivir.

La investigación psicoanalítica, a la cual nos dedicamos ya, es, de todos modos, objeto de recelosa atención por parte del catolicismo. No afirmaremos, por cierto, que esta desconfianza sea infundada. En efecto, si nuestra labor nos lleva al resultado de reducir la religión a una neurosis de la humanidad y a explicar su inmenso poderío en forma idéntica a la obsesión neurótica revelada en nuestros pacientes, podemos estar bien seguros de que nos granjearemos la más enconada enemistad de los poderes que nos rigen. No es que tengamos algo nuevo que decir, algo que no hubiésemos expresado con toda claridad hace ya un cuarto de siglo; más desde entonces todo eso ha sido olvidado, y sin duda tendrá cierto efecto el hecho de que hoy lo repitamos y lo ilustremos en un ejemplo válido para todas las funciones de religiones en general. Esto podría llevar, probablemente, a que se nos prohibiera el ejercicio del psicoanálisis, pues aquellos métodos de opresión violenta en modo alguno son extraños a la Iglesia católica: más bien ésta considera usurpadas sus prerrogativas cuando también otros los aplican. El psicoanálisis empero, que en el curso de mi larga vida se ha extendido por todo el mundo, aún no encontró ningún hogar que pudiera ser más preciado que la ciudad donde nació y se desarrolló.

No es que lo crea tan sólo: sé muy bien que este otro obstáculo, este peligro exterior, me disuadirá de publicar la última parte de mi estudio sobre Moisés. No obstante, apelé a un recurso extremo para allanar de obstáculos mi camino, diciéndome que todos mis temores se fundarían en una excesiva valoración de la importancia que tiene mi persona. A las instancias decisivas probablemente les parezca harto indiferente cuanto pueda escribir yo sobre Moisés y el origen de las religiones monoteístas; mas no me siento muy seguro al juzgar de tal manera, y me parece mucho más verosímil que la malicia y el sensacionalismo compensarán con creces lo que a mí persona pueda faltarle en el juicio de los contemporáneos. No daré a conocer, pues, este trabajo mío; pero ello no debe impedirme que lo escriba, tanto más cuanto que ya lo redacté una vez, hace de esto dos años, de modo que bastará con que le dé nueva forma y lo acople como pieza terminal a los dos ensayos precedentes. Podrá quedar entonces guardado en el secreto, hasta que llegue alguna vez el día en que pueda asomarse impunemente a la luz o hasta que pueda decirse a quien sustente idénticas conclusiones y pareceres: «En tiempos más tenebrosos ya hubo una vez alguien que pensó como tú.»

Prefacio II

(En junio de 1938, en Londres)

Las extraordinarias dificultades -tanto reservas íntimas como impedimentos exteriores- que pesaron sobre mí al redactar el presente estudio sobre la persona de Moisés, dieron lugar a que este tercer ensayo final lleve dos prefacios contradictorios y aun excluyentes entre sí. Sucede que en el breve lapso intermedio han cambiado profundamente las circunstancias ambientales de quien esto escribe. Vivía yo entonces, al amparo de la Iglesia católica y me tenía preso el temor de que mi publicación me hiciera perder esa tutela, acarreando a los prosélitos y discípulos del psicoanálisis la prohibición de ejercerlo en Austria. Más entonces sobrevino de pronto la invasión alemana: el catolicismo demostró ser una «tenue brizna», para expresarlo en términos bíblicos. Convencido de que ahora ya no se me perseguiría tan sólo por mis ideas, sino también por mi «raza», abandoné con muchos amigos la ciudad que fuera mi hogar durante setenta y ocho años, desde mi temprana infancia.

Hallé la más cordial acogida en la hermosa, libre y generosa Inglaterra. Aquí vivo como huésped gratamente recibido, sintiéndome aliviado de aquella opresión y libre otra vez para poder decir y escribir -casi hubiese dicho pensar- lo que quiero o debo. Así pues, me atrevo a publicar la última parte de mi trabajo.

Ya no tropiezo con impedimentos exteriores, o al menos estos no son tales que podrían alarmarme. Durante las pocas semanas que he pasado en este país recibí innumerables saludos de amigos que se regocijan por mi llegada, de desconocidos e incluso de personas indiferentes que sólo quieren expresar su satisfacción porque haya hallado aquí libertad y existencia segura. Además, recibí, en número sorprendente para un extranjero, mensajes de otra especie de personas que se preocupan por la salvación de mi alma, indicándome los caminos de Cristo o tratando de ilustrarme sobre el porvenir de Israel. Las buenas gentes que así escriben poco deben haber sabido de mí; pero espero que cuando una traducción haga conocer a mis nuevos compatriotas este trabajo sobre Moisés, también perderé ante muchos de ellos buena parte de la simpatía que ahora me ofrecen.

Las dificultades íntimas no pudieron ser modificadas por conmociones políticas ni por cambios de ambiente. Como antes, vacilo frente a mi propio trabajo y echo de menos ese sentimiento de unidad y pertenencia que debe existir entre el autor y su obra. No es que me falte la convicción de la exactitud de sus resultados, pues ya la adquirí hace un cuarto de siglo, en 1912, cuando escribí el libro sobre Totem y tabú; desde entonces mi certidumbre no ha cesado de aumentar. Jamás he vuelto a dudar que los fenómenos religiosos sólo pueden ser concebidos de acuerdo con la pauta que nos ofrecen los ya conocidos síntomas neuróticos individuales; que son reproducciones de trascendentes, pero hace tiempo olvidados sucesos prehistóricos de la familia humana; que su carácter obsesivo obedece precisamente a ese origen; que, por consiguiente, actúan sobre los seres humanos gracias a la verdad histórica que contienen. Mis vacilaciones sólo comienzan al preguntarme si he logrado demostrar esta tesis en el ejemplo aquí elegido del monoteísmo judío. Este trabajo, originado en un estudio del hombre Moisés, se presenta a mi sentido crítico cual una bailarina que se balancea sobre la punta de un pie. Si no hubiera podido apoyarme en la interpretación analítica del mito del abandono en las aguas y, partiendo de ésta, en la hipótesis de Sellin sobre la muerte de Moisés, todo el estudio debería haber quedado inédito. Como quiera que sea, correré una vez más el albur de proseguirlo.

Primera Parte

A

La premisa histórica

El fondo histórico de los sucesos que han cautivado nuestro interés es, por tanto, el siguiente: Las conquistas de la dinastía XVIII han hecho de Egipto un imperio mundial. El nuevo imperialismo se refleja en el desarrollo de las nociones religiosas, si no en las de todo el pueblo, al menos en las de su capa dominante e intelectualmente activa. Bajo la influencia que ejercen los sacerdotes del dios solar en On (Heliópolis), reforzada quizá por incitaciones asiáticas, surge la idea de un dios universal, Aton, que ya no está restringido a determinado pueblo o país. Con el joven Amenhotep IV (que más tarde adoptará el nombre de Ikhnaton), llega al trono un faraón cuyo supremo interés es el de propagar esta idea teológica. Instituye la religión de Aton como doctrina de Estado, y por su intermedio el dios universal se convierte en el Dios Único; todo lo que se cuenta de otros dioses es falacia y mentira. Con grandiosa implacabilidad resiste a todas las tentaciones del pensamiento mágico y rechaza la ilusión de una vida ultraterrena, tan cara precisamente a los egipcios. Con singular premonición de conocimientos científicos ulteriores, ve la fuente de toda la vida terrenal en la energía de las radiaciones solares, y adora al sol como símbolo del poderío de su dios. Se precia de su alegría por la creación y por su vida en Maat (Verdad y Justicia).

He aquí el primero y quizá el más genuino ejemplo de una religión monoteísta en la historia de la Humanidad. El conocimiento más profundo de las condiciones históricas y psicológicas que determinaron su origen tendrían inapreciable valor; pero el desarrollo histórico se encargó de que no llegaran hasta nosotros mayores noticias sobre la religión de Aton. Ya bajo los débiles sucesores de Ikhnaton se derrumbó cuanto éste había creado. La venganza de las castas sacerdotales que había oprimido se descargó sobre su memoria; la religión de Aton fue abolida; la ciudad residencial del faraón condenado por hereje fue arrasada y saqueada. Alrededor de 1350 a. de J. C. se extinguió la dinastía XVIII; después de un intervalo de anarquía, el orden fue restablecido por el jefe militar Haremhab, que gobernó hasta 1315. La reforma de Ikhnaton parecía ser un episodio destinado al olvido.

He aquí cuanto se ha establecido históricamente, comienza ahora nuestra prosecución hipotética. Entre las personas próximas a Ikhnaton encontrábase un hombre llamado quizá Thothmés, como entonces se llamaban muchos otros; más poco importa el nombre, salvo que su segunda parte debió de ser-mose. Era un encumbrado personaje, decidido partidario de la religión de Aton; pero, al contrario del caviloso rey, era enérgico y apasionado. Para este hombre la caída de Ikhnaton y la abolición de su creencia implicaban el fin de todas sus esperanzas. En Egipto sólo podía seguir viviendo como proscrito o como renegado. Siendo quizá gobernador de una provincia limítrofe, habríase relacionado con una tribu semita inmigrada allí algunos generaciones antes. En la zozobra de su desengaño y su aislamiento se vinculó con estos extranjeros buscando en ellos compensación para lo que había perdido. Los adoptó como pueblo suyo y trató de realizar en ellos sus ideales. Después de haber abandonado Egipto acompañado de su séquito, los ungió con el signo de la circuncisión, les dio leyes, los inició en las doctrinas de la religión atónica, que los egipcios acababan de proscribir. Los preceptos que este hombre, Moisés, dio a sus judíos, quizá fueran aún más severos que los de su amo y maestro Ikhnaton; quizá abandonara también el culto del dios solar de On, que aquél aún había conservado.

Hemos de situar el Éxodo de Egipto en el período de interregno que siguió al año 1350. Las épocas siguientes a esa fecha, hasta que concluye la conquista de Canaán, son particularmente impenetrables. La investigación histórica de nuestros días pudo rescatar dos hechos de las tinieblas en que el texto bíblico ha dejado -o, mejor, ha sumido- ese período. El primer hecho, revelado por E. Sellin, es el de que los judíos, tercos e indómitos frente a su legislador y dirigente, como nos los dice la misma Biblia, se rebelaron cierto día contra aquél, lo mataron y rechazaron la religión de Aton que les había impuesto, tal como antes lo habían hecho los egipcios. El segundo hecho, demostrado por E. Meyer, es el de que estos judíos retornados de Egipto se unieron más tarde a otras tribus estrechamente emparentadas con ellos que vivían en la comarca situada entre Palestina, la península de Sinaí y Arabia; allí, en el oasis de Qadesh, adoptaron, por influencia de los árabes madianitas, una nueva religión, la del dios volcánico Jahve. Poco después se aprestaron a irrumpir en Canaán y a conquistarla.

Son muy inciertas las relaciones cronológicas de estos dos sucesos entre sí y con el Éxodo de Egipto. El asidero histórico más próximo lo ofrece una estela del faraón Merneptah (hasta 1215), que al narrar las campañas de Siria y Palestina menciona entre los vencidos a «Israel». Aceptando la fecha de esta estela como un terminus ad quem, nos queda alrededor de un siglo (desde después de 1350 hasta antes de 1215) para ubicar todo lo ocurrido a continuación del Éxodo; pero también es posible que el nombre Israel no se refiera todavía a las tribus cuyo destino estamos persiguiendo, y que en realidad dispongamos de un espacio de tiempo más prolongado. El asentamiento del futuro pueblo judío en Canaán no fue, sin duda, una conquista rápida, sino un proceso llevado a cabo en varias irrupciones y extendido durante largo tiempo. Si prescindimos de los límites que nos impone la estela de Merneptah, nos será más fácil adjudicar el plazo de una generación (treinta años) a la época de Moisés, concediendo, además, por lo menos dos generaciones - quizá más- hasta que ocurre la unificación de Qadesh; el intervalo entre ésta y la marcha hacia Canaán no precisa ser prolongado.

Como demostramos en el trabajo precedente, la tradición judía tenía buenos motivos para abreviar el lapso entre el Éxodo y la institución religiosa de Qadesh, mientras que para los fines de nuestra argumentación nos interesa demostrar lo contrario.

Pero todo esto aún es mera crónica narrativa, un intento de colmar las lagunas de nuestros conocimientos históricos y, en parte, repetición de lo dicho ya en el segundo ensayo publicado en la revista Imago. Nos interesa perseguir del destino de Moisés y de sus doctrinas que sólo aparentemente tuvieron fin con la sublevación de los judíos. La crónica del Jahvista, redactada alrededor del año 1000, pero seguramente basada en documentos anteriores, nos ha permitido reconocer que la fusión de las tribus y la conversión religiosa de Qadesh implicaron una transacción cuyas dos tendencias aún pueden ser discernidas perfectamente. A una de las partes sólo le interesaba negar el carácter reciente y foráneo del dios Jahve y acrecentar su derecho a la sumisión del pueblo, la otra no quería abandonar el caro recuerdo de la liberación egipcia y de la grandiosa figura de su caudillo Moisés, logrando, efectivamente, situar aquel hecho y a este hombre en la nueva versión de la prehistoria judía, conservar por lo menos la circuncisión, signo externo de la religión mosaica, e imponer quizá ciertas restricciones en el empleo del nuevo nombre divino. Dijimos que los representantes de estas pretensiones fueron los levitas, descendientes de la gente de Moisés, separados por escasas generaciones de los coetáneos y compatriotas de éste y ligados a su memoria por una tradición viva aún. Las narraciones poéticamente ornadas que atribuimos al Jahvista y a su émulo más reciente, el Elohísta, vinieron a ser como mausoleos que hundieron en reposo eterno, sustrayéndolas al conocimiento de generaciones futuras, la verdadera crónica de aquellos sucesos lejanos, la índole genuina de la religión mosaica y la eliminación violenta del gran hombre. Si, en efecto, hemos adivinado correctamente este proceso, nada queda en él que pudiera parecer extraño, pues bien puede haber representado el fin definitivo del episodio mosaico en la historia del pueblo judío.

Pero lo notable es precisamente que no sucede tal cosa, que las repercusiones más poderosas de aquellas vivencias sufridas por el pueblo sólo habían de manifestarse más tarde, irrumpiendo paulatinamente a la realidad en el curso de muchos siglos. No es probable que el carácter de Jahve discrepara mucho de los dioses que adoraban los pueblos y las tribus circundantes.

Es verdad que luchaba contra aquéllos, tal como los pueblos mismos luchaban entre sí; pero podemos aceptar que a un adorador de Jahve no podía ocurrírsele negar en aquellas épocas la existencia de los dioses de Canaán, Moab, Amalek, etc., como tampoco podía pensar en negar la existencia de los pueblos que los veneraban.

La idea monoteísta, cuyo primer destello aparece con Ikhnaton, se había vuelto a eclipsar y estaba destinada a quedar por mucho tiempo envuelta en las tinieblas. Hallazgos efectuados en la isla de Elefantina, situada cerca de la primera catarata del Nilo, nos han ofrecido la sorprendente noticia de que allí existía desde siglos atrás una guarnición militar judía, en cuyo templo se veneraba, junto al dios principal, Jahu, otras dos deidades femeninas, una de las cuales se llamaba Anat-Jahu. Pero es verdad que estos judíos estaban separados de la madre patria y no habían participado en la evolución religiosa que allí se llevaba a cabo; sólo llegaron a conocer los nuevos preceptos rituales de Jerusalén por intermedio del Gobierno persa del siglo IV. Volviendo a épocas anteriores, podemos establecer que el dios Jahve no tenía seguramente semejanza alguna con el dios mosaico. Aton había sido pacifista, igual que el faraón Ikhnaton, su representante terreno y, en realidad, su prototipo, que contempló impasible el desmembramiento del imperio conquistado por sus antecesores. Jahve seguramente era un dios más apropiado para un pueblo que se disponía a conquistar por la fuerza nuevos territorios donde vivir. Por otra parte, cuanto era digno de veneración en el dios mosaico debía escapar al entendimiento de aquellas masas primitivas.

Ya dejamos establecido -señalando con agrado la concordancia con otros autores- que el hecho nuclear de la historia de la religión judía habría consistido en que el dios Jahve perdió, con el correr del tiempo, sus características propias, adquiriendo cada vez mayor semejanza con el antiguo dios de Moisés, con Aton. Es cierto que subsistieron ciertas discrepancias que a primera vista podrían parecer importantes; pero no resulta difícil explicarlas. La hegemonía de Aton en Egipto había comenzado durante una época feliz de estabilidad perfecta, y aún al comenzar la decadencia del imperio, sus prosélitos pudieron apartarse de todas las conmociones terrenas y continuaron ensalzando y disfrutando sus divinas creaciones.

Al pueblo judío, en cambio, el destino le deparó una serie de duras pruebas y dolorosas experiencias, de modo que su Dios se tornó duro y severo, en cierto modo, lúgubre. Conservó el carácter de dios universal, tutelar de todos los países y pueblos; pero el hecho de que su adoración hubiese pasado de los egipcios a los judíos se expresó en el aditamento de que los judíos serían su pueblo elegido, cuyas obligaciones especiales también encontrarían, al fin, recompensa especial. Al pueblo judío seguramente le resultó difícil conciliar su convicción de ser el elegido de su dios omnipotente, con las tristes experiencias que le acarreaba su infausto destino. Pero no se dejó perturbar por ello: exacerbó su sentimiento de culpabilidad para ahogar las dudas frente a Dios, y quizá aún terminara por invocar los «inescrutables designios de Dios», como todavía suelen hacerlo los piadosos. Aunque le causara extrañeza que Dios le deparase sin cesar nuevos agresores que lo subyugaban y maltrataban -asirios, babilonios, persas- el pueblo judío siempre salía del paso y concluía por reconocer el poderío de su dios al comprobar que estos malvados enemigos eran vencidos a su vez y que sus imperios quedaban aniquilados.

El ulterior dios de los judíos terminó por identificarse con el antiguo dios mosaico en tres puntos importantes. El primero y decisivo es el de que realmente fue reconocido como dios único, junto al cual no era posible concebir a ningún otro. El monoteísmo de Íkhnaton fue aceptado seriamente por un pueblo entero; más: este pueblo se aferró tan enérgicamente a esa idea, que hizo de ella el contenido básico de su vida espiritual, sin dedicar el menor interés a ninguna otra. Al respecto estaban de acuerdo el pueblo y la casta sacerdotal que llegó a dominarlo; pero mientras los sacerdotes limitaban su actividad a elaborar el ceremonial destinado a su veneración, el pueblo les oponía una poderosa corriente ideológica en la que pujaban por renacer otros dos artículos de la doctrina mosaica. Las voces de los profetas no se cansaban de proclamar que Dios despreciaba el ceremonial y los sacrificios, exigiendo tan sólo que se creyese en él y que se siguiera una vida consagrada a la verdad y la justicia. Además, los profetas seguramente se encontraban bajo el influjo de los ideales mosaicos cuando ensalzaban la austeridad y la santidad de su vida en el desierto.

Ha llegado el momento de preguntarnos si es necesario invocar siquiera la influencia que tuvo Moisés en la conformación definitiva de la noción teomórfica judía, o si para explicarla basta considerar la evolución espontánea hacia un nivel superior de espiritualidad, evolución desplegada durante una vida cultural extendida por siglos enteros. Cabe aducir dos razones ante esta explicación plausible, que, si la aceptáramos, pondría fin a todas nuestras disquisiciones. Ante todo, no explica nada, pues circunstancias idénticas no llevaron por cierto, al monoteísmo en el pueblo griego -sin duda, dotado de plena capacidad para desarrollarlo-, sino que condujeron al relajamiento de la religión politeísta y al comienzo del pensamiento filosófico. Tal como nosotros lo concebimos, el monoteísmo surgió en Egipto a la par del imperialismo, Dios era el reflejo de un faraón que dominaba autocráticamente un gran imperio mundial. Las condiciones políticas en que vivían los judíos eran sumamente desfavorables para que la idea de un dios nacional exclusivo evolucionara hacia la del regente universal del mundo entero, y, por lo demás, ¿cómo podía esta minúscula e impotente nación tener la osadía de proclamarse hija favorable del poderoso Señor? Si nos conformásemos con esto, dejaríamos sin respuesta la pregunta sobre el origen del monoteísmo entre los judíos, o bien tendríamos que contentarnos con el recurso corriente de atribuirlo al particular genio religioso de este pueblo. Como se sabe, el genio es incomprensible e irresponsable, de modo que no habremos de invocarlo para explicar algo, sino cuando haya fracasado toda otra solución.

Por otra parte nos encontramos con que la propia crónica y la historiografía de los judíos nos señalan la ruta al afirmar con toda decisión -y sin contradecirse esta vez- que la idea de un dios único habría sido inculcada al pueblo por Moisés. Si algún reparo puede hacerse a la fe que merece esta aseveración, es el de que los sacerdotes, al elaborar el texto que tenemos ante nosotros, evidentemente le atribuyeron demasiado a Moisés. Tanto instituciones como preceptos ritualistas que pertenecen sin duda a épocas posteriores son proclamados como leyes mosaicas con el manifiesto propósito de incrementar su autoridad. Esto es, por cierto, un buen motivo para despertar nuestra desconfianza; pero no basta para justificar la completa recusación de todo el texto, pues el motivo profundo de semejante exageración aparece con toda claridad. Los sacerdotes en sus versiones pretenden establecer un nexo de continuidad entre su propia época y la prehistoria mosaica, es decir, tratan de negar precisamente aquello que hemos calificado como hecho más notable en la historia de la religión judía: que entre la legislación de Moisés y la religión judía ulterior se abre una brecha que al principio fue ocupada por el culto de Jahve y que sólo más tarde fue colmada gradualmente. Aquellas versiones procuran negar por todos los medios este proceso, a pesar de que su autenticidad histórica escapa a toda duda, pues la peculiar elaboración que sufrió el texto bíblico dejó intactos numerosísimos datos que lo demuestran. Al respecto, los sacerdotes persiguieron una tendencia semejante a aquella otra que convirtió al nuevo dios Jahve en el Dios de los patriarcas. Teniendo en cuenta este propósito del Códice sacerdotal, nos será difícil negar crédito a la afirmación de que realmente habría sido Moisés quien diera a sus judíos la idea monoteísta. Nuestra anuencia será tanto más fácil cuanto que sabemos de dónde le llegó a Moisés esa idea, cosa que seguramente habían dejado de saber los sacerdotes judíos.

Mas, llegados aquí, alguien podría preguntarnos: ¿De qué nos sirve derivar el monoteísmo judío del egipcio? Con ello sólo desplazamos un tanto el problema, sin que esto nos permita saber algo más sobre la génesis de la idea monoteísta. No vacilaremos en responder que aquí no se trata de obtener un beneficio, sino de profundizar una investigación, y aún podría ser que aprendiésemos algo nuevo al tratar de restablecer el verdadero curso de los hechos.

B

Período de latencia y tradición

Hacemos nuestra, pues, la opinión de que la idea de un dios único, así como el rechazo del ceremonial mágico y la acentuación de los preceptos éticos en nombre de ese dios, fueron realmente doctrinas mosaicas que al principio no hallaron oídos propicios, pero que llegaron a imponerse luego de un largo período intermedio, terminando por prevalecer definitivamente. ¿Cómo podremos explicarnos semejante acción retardada y dónde hallaremos fenómenos similares?

Al punto se nos ocurre que los encontramos con frecuencia en los más diversos terrenos y que probablemente aparezcan de múltiples maneras, más o menos fáciles de comprender. Consideremos, por ejemplo, el destino de una nueva teoría científica, como la doctrina evolucionista de Darwin. Ante todo, se la rechaza con encono, se la discute violentamente durante algunos decenios pero basta el lapso de una generación para que sea reconocida como un gran progreso hacia la verdad. Darwin mismo aún alcanzó el honor de ser sepultado en un cenotafio de la abadía de

Westminster. Semejante caso nos deja poco que dilucidar: la nueva verdad ha despertado resistencias afectivas, disfrazadas con argumentos que permiten refutar las pruebas favorables a la doctrina ofensiva; el pleito de las opiniones encontradas exige cierto tiempo; desde el primer momento hay partidarios y adversarios; el número y la importancia de los primeros aumenta sin cesar, hasta que por fin adquieren la supremacía; durante toda la contienda jamás se ha olvidado su verdadero motivo. Apenas nos asombramos de que todo este proceso requiera cierto tiempo, y quizá no consideremos suficientemente la circunstancia de que nos encontremos ante un proceso de psicología colectiva.

No es difícil hallar en la vida psíquica individual una analogía que corresponda enteramente a este proceso. Me refiero al caso de quien se entera de algo nuevo, cuya veracidad debe aceptar en base a ciertas pruebas, por más que ello contraríe algunos de sus deseos y ofenda preciadas convicciones. En este trance titubeará, buscará motivos que le permitan poner en duda la novedad y luchará consigo mismo durante un tiempo, hasta concluir por confesarse: «No puedo menos que aceptarlo, por más difícil que me resulte, por más que me cueste creerlo.» Este proceso sólo nos enseña que la elaboración racional por el yo exige cierto tiempo para superar objeciones apoyadas en poderosas catexis afectivas. Evidentemente, no es muy estrecha la analogía entre este caso y el que nos esforzamos por comprender.

El segundo ejemplo al que recurrimos parece tener aún menos injerencia en nuestro problema. Sucede que un hombre abandona, al parecer indemne, el lugar donde le ha ocurrido un accidente pavoroso, como, por ejemplo, un choque de trenes; más en el curso de las semanas siguientes produce una serie de graves síntomas psíquicos y motores que sólo pueden atribuirse a la conmoción sufrida o a cualquier otro factor que a la sazón hubiese actuado. Decimos que este hombre padece ahora una «neurosis traumática». Esta parecería ser totalmente incomprensible, es decir, representa un hecho nuevo. El intervalo transcurrido entre el accidente y la primera aparición de los síntomas se denomina «período de incubación», aludiendo claramente a la patología de las enfermedades infecciosas. Profundizando el examen, debe llamarnos la atención que, pese a sus discrepancias fundamentales, el problema de la neurosis traumática y el del monoteísmo judío tiene un punto de coincidencia: su rasgo común, que quisiéramos calificar de latencia.

En efecto, según nuestra fundada presunción, la historia de la religión judía presenta, una vez apostatada la religión mosaica, un prolongado período en el que no queda el menor rastro de la idea monoteísta, del repudio por el ceremonial y del predominio ético. Todo esto nos prepara para aceptar la posibilidad de que nuestro problema haya de solucionarse recurriendo a determinada situación psicológica.

En varias ocasiones ya hemos establecido las consecuencias que tuvo la fusión de Qadesh entre las dos partes del ulterior pueblo judío al adoptar una nueva religión. Entre los que habían estado en Egipto, todavía se conservaban, poderosos y vivos, los recuerdos del Éxodo y de la figura de Moisés, al punto que exigían ser incorporados a cualquier crónica del pasado. Quizá aún fueran los nietos de personas que habían conocido al propio Moisés, y algunos de ellos todavía se considerarían como egipcios, llevarían nombres egipcios. Sin embargo, tenían sus buenos motivos para reprimir el recuerdo del destino que había sufrido su caudillo y legislador. Los otros, en cambio, perseguían tenazmente el propósito de ensalzar al nuevo dios y de negar su foraneidad. Ambas partes de la nueva tribu tenían el mismo interés en refutar que habían tenido otra religión anterior y en ignorar su contenido. De esta manera se estableció aquella primera transacción, que probablemente fuera codificada al poco tiempo en la crónica escrita, pues la gente de Egipto había traído consigo el arte de la escritura y la afición a la historiografía; pero aún debía pasar mucho tiempo hasta que los historiadores acataran la ley de la estricta veracidad. Por lo pronto, no tuvieron el menor reparo en deformar la crónica de acuerdo con sus necesidades y tendencias circunstanciales, como si aún no comprendiesen el significado de la falsificación. En consecuencia, comenzó a desarrollarse un antagonismo entre la versión escrita y la transmisión oral, es decir, la tradición de un mismo asunto. Todo lo que omitía o adulteraba la redacción, bien pudo conservarse incólume en la tradición, que venía a ser el complemento y al mismo tiempo la refutación de la historiografía. Estaba menos sometida a la influencia de las tendencias desfigurantes, y algunas de sus partes quizá aún les escaparan del todo; por eso podía ser más veraz que la narración fijada por la letra. Pero su crédito sufrió, porque era más vaga y fluctuante que la crónica y estaba expuesta a múltiples modificaciones y distorsiones al ser transmitida oralmente de generación en generación. Semejante tradición puede sufrir diversos destinos. El más probable sería que se viera aniquilada por la crónica, que no lograse subsistir junto a ésta, que se tornara cada vez más nebulosa y cayera por fin en el olvido.

Pero también puede correr otras suertes: una de ellas es que la propia tradición termine por fijarse gráficamente, y más adelante aún habremos de aludir a otros azares posibles.

Ahora podemos explicar el fenómeno de la latencia en la historia de la religión judía, que aquí nos ocupa, aceptando que los hechos y los temas deliberadamente negados por la historiografía, que podría calificarse de oficial, jamás se perdieron en realidad, sino que las noticias de los mismos subsistieron en tradiciones conservadas por el pueblo. Según nos asegura Sellin, hasta sobre el fin de Moisés existía una tradición que contradecía rotundamente la versión oficial, acercándose mucho más a la verdad. Podemos aceptar que lo mismo sucedió con otros contenidos aparentemente suprimidos junto con Moisés; con muchos elementos de la religión mosaica que habían sido inadmisibles para la mayoría de los contemporáneos de Moisés.

Pero lo notable del caso es que estas tradiciones, en lugar de debilitarse al correr el tiempo, se tornaron cada vez más poderosas en el curso de los siglos, invadieron las elaboraciones ulteriores de la crónica oficial y por fin tuvieron la fuerza necesaria para influir decisivamente sobre el pensamiento y la actividad del pueblo. Sin embargo, las condiciones que facilitaron este proceso están, por ahora, lejos de ser evidentes.

El hecho es tan notable, que consideramos justificado exponerlo una vez más, pues representa el núcleo de nuestro problema. El pueblo judío abandonó la religión de Aton que le había dado Moisés, dedicándose a la adoración de otro dios, poco diferente de los Baalim que veneraban los pueblos vecinos. Todos los esfuerzos de las tendencias distorsionantes ulteriores no lograron ocultar esta circunstancia humillante. Más la religión mosaica no había desaparecido sin dejar rastros, pues se mantuvo algo así como un recuerdo de ella, una tradición, quizá oscura y deformada. Y esta tradición de un pasado grandioso fue la que siguió actuando desde la penumbra, la que poco a poco fue dominando el espíritu del pueblo, y por fin llegó a transformar al dios Jahve en el dios mosaico, despertando a nueva vida la religión de Moisés, instituida muchos siglos atrás y luego abandonada. Es difícil imaginarse cómo una tradición perdida pudo ejercer tan poderoso efecto sobre la vida anímica de un pueblo. Henos aquí ante un tema de psicología colectiva que no nos resulta familiar; buscaremos apoyo en hechos análogos o, por lo menos, de índole similar, aunque procedan de otros terrenos, y, en efecto, creemos poder hallarlos.

En las épocas en que se preparaba entre los judíos el restablecimiento de la religión mosaica, el pueblo griego poseía un riquísimo tesoro de leyendas genealógicas y de mitos heroicos. En los siglos IX u VIII fueron creadas, según se cree, las dos epopeyas homéricas, cuyo asunto procede de aquel material legendario. Con nuestros actuales conocimientos psicológicos podría haberse planteado, mucho antes de Schliemann y Evans, la pregunta: ¿De dónde tomaron los griegos todo el material legendario que Homero y los grandes dramaturgos áticos elaboraron en sus inmortales obras maestras? En tal caso habríamos debido responder así: Probablemente haya pasado ese pueblo en su prehistoria por un período de brillantez exterior y apogeo cultural que tuvo fin con una catástrofe histórica y del que estas leyendas conservan una oscura tradición. Las investigaciones arqueológicas de nuestros días han venido a confirmar esta hipótesis, que a la sazón, sin duda, habría parecido demasiado osada. Tales investigaciones revelaron testimonios de la grandiosa cultura minoico-miceniana, que probablemente ya hubiese llegado a su fin en Grecia continental antes de 1250 a. de J. C. Entre los historiadores griegos de épocas posteriores apenas encontramos mención alguna de la misma; tan sólo la alusión a una época en que los cretenses regían los mares; luego, el nombre del rey Minos y el de su palacio, el Laberinto; eso es todo, y fuera de ello nada quedó de dicha época, salvo las tradiciones recogidas por los poetas.

También se conocen epopeyas populares entre otros pueblos: alemanes, hindúes, finlandeses; corresponde a los historiadores de la literatura el investigar si su origen puede atribuirse a las mismas condiciones que intervinieron en el caso de los griegos. Por mi parte, creo que tal investigación arrojaría resultado positivo. En suma, la condición básica de su aparición, que creo haber establecido, es la siguiente: Debe existir un sector de la prehistoria que, inmediatamente después de transcurrido, hubo de parecer pleno de sentido, importante, grandioso y quizá siempre heroico, pero que, siendo tan remoto, perteneciendo a épocas tan lejanas, sólo pudo llegar a las generaciones ulteriores a través de una tradición confusa e incompleta. Ha causado sorpresa el hecho de que la epopeya se haya extinguido como género poético en épocas ulteriores; pero la explicación quizá resida en que ya no se dieron sus condiciones básicas, el material arcaico ya había sido elaborado, y para todos los sucesos posteriores la historiografía vino a ocupar el lugar de la tradición. Los más heroicos actos de nuestros días ya no pueden inspirar una epopeya, y el propio Alejandro Magno tuvo razones para lamentarse de que no encontraría ningún Homero.

Las épocas muy remotas cautivan la fantasía humana con atracción poderosa, a veces enigmática. Cada vez que el hombre se siente insatisfecho con su presente -y esto sucede muy a menudo-, se vuelve hacia el pasado, esperando ser realizado allí el eterno sueño de la edad de oro. Probablemente siga hallándose todavía bajo el hechizo de su infancia, que una memoria harto parcial le evoca como una época de imperturbable bienaventuranza. Cuando sólo quedan del pasado los fragmentarios y esfumados recuerdos que llamamos tradición, los artistas sienten un incentivo especial, pues entonces pueden colmar libremente y al arbitrio de su fantasía las lagunas del recuerdo, plasmando conforme a sus propósitos la imagen de la época que pretenden evocar. Casi podría decirse que la tradición es tanto más útil para el poeta cuanto más incierto sea su contenido. De modo que no es necesario asombrarse de la importancia que la tradición tiene para la poesía; por lo demás, la analogía con las condiciones precisas de las cuales depende la epopeya nos inclinará un tanto en favor de la extraña hipótesis de que entre los judíos habría sido la tradición de Moisés la que transformó el culto de Jahve, adoptándolo a la antigua religión mosaica. Pero en lo restante ambos casos aún discrepan mucho entre sí: en uno, el resultado es una creación poética; en otro, una religión; y en cuanto a ésta última, hemos aceptado que, bajo el impulso de la tradición, es reproducida con una fidelidad que, naturalmente, no tiene parangón en el caso de la epopeya. Con ello nuestro problema aún presenta suficientes incógnitas como para justificar la búsqueda de analogías más certeras.

C

La analogía

La única analogía satisfactoria para el extraño proceso que hemos descubierto en la historia de la religión judía se encuentra en un terreno aparentemente muy remoto; en cambio, es tan completa que casi equivale a una identidad. También allí nos encontramos con el fenómeno de la latencia, con la aparición de manifestaciones incomprensibles y necesitadas de explicación, con la condición básica de una vivencia temprana, olvidada más tarde. También nos presenta la característica de la compulsividad, que se impone al psiquismo, superando el pensamiento lógico, rasgo que no pudimos comprobar, por ejemplo, en la génesis de la epopeya.

Todos estos rasgos análogos los presenta, en el terreno de la psicopatología, la génesis de las neurosis humanas, fenómeno correspondiente por entero a la psicología del individuo, mientras que las manifestaciones religiosas atañen, desde luego, a la de las masas. Ya veremos que esta analogía no es tan sorprendente como a primera vista podría pensarse; que, por el contrario, tiene más bien carácter axiomático.

Llamamos traumas a las impresiones precozmente vivenciadas y olvidadas más tarde, que, según dijimos, tienen tanta importancia en la etiología de las neurosis; ello no significa empero que nos pronunciemos acerca de si la etiología de las neurosis puede considerarse en general como traumática, pues semejante concepto tropezaría al punto con la objeción de que la prehistoria del neurótico no siempre permite establecer un trauma evidente. A menudo debemos conformarnos con decir que sólo existe una reacción anormal y extraordinaria frente a sucesos y emergencias que, afectando a todos los individuos restantes, suelen ser elaborados y resueltos por estos de una manera distinta, que es dable considerar normal. Como podrá comprenderse, nos inclinaremos a decir que la neurosis no sería adquirida, sino gradualmente desarrollada por el individuo, cuando para explicar su génesis sólo dispongamos de las disposiciones hereditarias y constitucionales.

Más de todo este razonamiento se destacan dos puntos en particular. Primero, que la génesis de la neurosis se remonta siempre y en todos los casos a impresiones infantiles muy precoces. Segundo, que, efectivamente, existen casos que se distinguen como «traumáticos», pues en ellos los efectos proceden a todas luces de una o varias impresiones poderosas ocurridas en esa época precoz y sustraídas a su resolución normal, pudiéndose aceptar, pues, que si éstas no se hubiesen producido, tampoco se habría originado la neurosis. El abismo que media entre ambos grupos de neurosis no parece insuperable, aunque para nuestros fines bastaría con que sólo pudiésemos aplicar a estos casos traumáticos la analogía que perseguimos. En efecto, es muy posible fundir en un solo concepto ambas condiciones etiológicas; todo depende de la definición que concedamos a lo traumático. Si podemos aceptar que el carácter traumático de una vivencia sólo reside en un factor cuantitativo; si, por consiguiente, el hecho de que una vivencia despierte reacciones insólitas, patológicas, siempre obedece al exceso de demandas que plantee al psiquismo, entonces será fácil establecer el concepto de que frente a determinada constitución puede actuar como trauma algo que frente a otra distinta no tendría semejante efecto. Logramos de tal modo la noción de una denominada serie complementaria gradual, a la que concurren dos factores integrantes de la condición etiológica, compensándose la mengua de uno con el exceso del otro, produciéndose generalmente una acción conjunta de ambos, mientras que sólo en ambos extremos de la serie podemos hablar de una motivación simple. Teniendo en cuenta estas consideraciones se puede desechar la diferenciación entre la etiología traumática y la no traumática, por carecer de importancia para la analogía que procuramos estatuir.

A riesgo de incurrir en repeticiones, quizá convenga dejar sentado los hechos que ostentan la analogía tan importante para nosotros. Helos aquí: Nuestra investigación ha establecido que los denominados fenómenos (síntomas) de una neurosis son consecuencia de determinadas vivencias e impresiones, que por eso mismo consideramos como traumas etiológicos. Nos hallamos ahora frente a dos tareas: primera, la de establecer los caracteres comunes de estas vivencias; segunda, la de averiguar lo que tienen de común los síntomas neuróticos; al cumplirlas es inevitable que incurramos en cierta esquematización.

Ad I: a) Todos estos traumas corresponden a la temprana infancia, hasta alrededor de los cinco años. Las impresiones ocurridas en la época en que el niño comienza a desarrollar el lenguaje se destacan por su particular interés; el período de los dos a los cuatro años aparece como el más importante; no se puede establecer con certeza a qué distancia del nacimiento comienza esta fase de peculiar sensibilidad. b) Por regla general, las vivencias respectivas son completamente olvidadas, permanecen inaccesibles al recuerdo, caen en el período de la amnesia infantil, que casi siempre es penetrado por algunos restos mnemónicos aislados, por los denominados «recuerdos encubridores». c) Se refieren a impresiones de índole sexual y agresiva; también, sin duda alguna, a daños sufridos precozmente por el yo (ofensas narcisistas). Al respecto cabe señalar que los niños tan pequeños todavía no diferencian netamente los actos sexuales de los puramente agresivos (interpretación sádica del acto sexual). El predominio del factor sexual es, naturalmente, muy notable, circunstancia que todavía aguarda su debida consideración teórica.

Estos tres atributos -ocurrencia precoz en el curso de los primeros cinco años, olvido, contenido sexual-agresivo- están íntimamente vinculados entre sí. Los traumas consisten en experiencias somáticas o en percepciones sensoriales, por lo general visuales o auditivas; son, pues, vivencias o impresiones. La relación entre aquellos tres atributos la establece una teoría emanada de la labor analítica, única que puede suministrar un conocimiento de las vivencias olvidadas, o que, en términos más concretos, aunque menos correctos, puede volverlas a la memoria. En contradicción con la creencia popular, esta teoría nos dice que la vida sexual del hombre -o lo que le corresponde en épocas posteriores- experimenta un florecimiento precoz que concluye alrededor de los cinco años, siguiéndole el denominado período de latencia -hasta la pubertad-, en el cual no sólo se detiene todo progreso de la sexualidad, sino que aún se anula lo ya desarrollado. Esta teoría es confirmada por el estudio anatómico del desarrollo de los genitales internos; nos lleva a presumir que el hombre desciende de una especie animal que alcanzó su madurez sexual a los cinco años, y despierta la sospecha de que el aplazamiento y el doble comienzo de la vida sexual estarían íntimamente vinculados con la historia de la humanización del hombre. Este parece ser el único animal con semejante latencia y retardo sexual. Para apreciar la validez de esta teoría sería indispensable realizar en los primates investigaciones que, a mi juicio, aún no han sido emprendidas. Psicológicamente no puede ser indiferente que el período de la amnesia infantil coincida con este brote precoz de la sexualidad. Quizá residan en estas circunstancias las condiciones básicas para que pueda darse la neurosis, que en cierto sentido es un privilegio humano y que, desde este punto de mira, vendría a ser un resto atávico (survival) de la prehistoria, como lo son ciertos elementos integrantes de nuestra anatomía.

Ad II: En cuanto a las características comunes o a las particularidades de los fenómenos neuróticos, cabe destacar dos puntos:
a) Los efectos del trauma son de dos clases: positivos y negativos. Los primeros representan esfuerzos para reanimar el trauma, o sea, para recordar la vivencia olvidada o, mejor aún, para tornarla real, para poder vivenciar nuevamente una réplica del mismo, y si sólo se trata de una vinculación afectiva pretérita, para reanimarla mediante una relación

análoga con otra persona. Todas estas tendencias se hallan comprendidas en los conceptos de la fijación al trauma y del impulso de repetición. Sus efectos pueden ser incorporados al yo denominado normal, confiriéndole entonces indelebles rasgos de carácter, al convertirse en tendencias constantes de aquél, pese a que -o, más bien: precisamente porque- su fundamento cabal, su origen histórico, ha sido olvidado. Así, por ejemplo, un hombre cuya infancia haya transcurrido bajo el signo de una fijación materna excesiva, hoy olvidada, puede pasarse la vida en busca de una mujer con la que logre establecer una relación de dependencia, de una mujer que lo alimente y lo mantenga. Una niña que en la temprana infancia haya sido objeto de una seducción sexual podrá adaptar su entera vida sexual ulterior a la provocación incesante de tales ataques. Es fácil colegir que estas nociones nos llevan más allá del problema de las neurosis, hacia la comprensión de la formación del carácter en general.

Las reacciones negativas frente al trauma persiguen la finalidad opuesta: que nada se recuerde ni se repita de los traumas olvidados. Podemos englobarlas en las reacciones defensivas; su expresión principal la constituyen las denominadas evitaciones, que pueden exacerbarse hasta culminar en las inhibiciones y las fobias. También estas reacciones negativas contribuyen en grado sumo a la plasmación del carácter, en el fondo, también ellas son fijaciones al trauma igual que sus símiles positivos, con la única diferencia de que son fijaciones de tendencia diametralmente opuesta. Los síntomas neuróticos propiamente dichos son productos de una transacción a la cual concurren ambos tipos de tendencias emanadas de los traumas, de tal suerte que ya la participación de un componente, ya la del otro, encuentra en aquéllos expresión predominante. Este antagonismo de las reacciones da lugar a conflictos que por regla general no pueden llegar a ningún término.

b) Todos estos fenómenos -tanto los síntomas como las restricciones del yo y las modificaciones estables del carácter- son de índole compulsiva, es decir junto a su gran intensidad psíquica, guardan amplia independencia frente a la organización de los restantes procesos anímicos, adaptados a las exigencias del mundo exterior real y sujetos a las leyes del pensamiento lógico. Aquéllos se sustraen al influjo de la realidad exterior o lo soportan sólo en medida insuficiente; tanto esta realidad como sus equivalentes mentales no les merecen la menor consideración, de manera que fácilmente llegan a colocarse en activo antagonismo con ambos. Constituyen, por decirlo así, un Estado en el

Estado, una facción inaccesible, reacia a toda colaboración, pero capaz de vencer al resto, considerado como normal, sometiéndolo a su servicio. Cuando tal cosa sucede, se ha llegado a la dominación de una realidad psíquica interior sobre la realidad del mundo exterior, quedando abierto el camino a la psicosis. Pero aun cuando no alcance tales extremos, sería difícil sobreestimar la importancia práctica de este conflicto. La inhibición y aún la incapacidad vital que sufren las personas dominadas por la neurosis constituyen factores de suma importancia en la sociedad humana, pudiéndose reconocer en ellos la expresión directa de su fijación a una fase precoz de su pasado.

¿Y qué intervención tiene la latencia, que tanto nos interesa en relación con nuestra analogía? Un trauma de la infancia puede ser seguido inmediatamente por un brote neurótico, por una neurosis infantil, colmada de esfuerzos defensivos expresados en la formación de síntomas. Esta neurosis puede perdurar cierto tiempo y provocar trastornos notables, pero también puede transcurrir en forma latente, pasando inadvertida. Por regla general, la defensa tiene en ella la supremacía, en todo caso deja, cual formaciones cicatriciales, alteraciones permanentes del yo. Sólo raramente la neurosis infantil se continúa sin intervalo con la neurosis del adulto, es mucho más frecuente que le suceda una época de desarrollo al parecer normal, proceso éste que es favorecido o posibilitado por la intervención del período fisiológico de latencia. Sólo posteriormente sobreviene el cambio que da lugar a la manifestación de la neurosis definitiva, como efecto tardío del trauma: sucede esto, bien con la irrupción de la pubertad, bien algún tiempo después; en el primer caso, porque los instintos exacerbados por la maduración física pueden reasumir ahora la lucha en la cual originalmente fueron derrotados por la defensa; en el segundo caso, porque las reacciones y las modificaciones del yo, establecidas por los mecanismos de defensa, dificultan ahora la solución de los nuevos problemas planteados por la vida, de modo que se originan graves conflictos entre las exigencias del mundo exterior real y las del yo, que trata de conservar su organización penosamente desarrollada en el curso de la lucha defensiva. Cabe aceptar como típico el fenómeno de la latencia en las neurosis, fenómeno intermedio entre las primeras reacciones frente al trauma y el ulterior desencadenamiento de la enfermedad. Además, puede considerarse esta enfermedad como una tentativa de curación, como un intento de volver a conciliar con los elementos restantes las porciones del yo escindidas por el trauma, fundiéndolas en una poderosa unidad dirigida contra el mundo exterior. Mas este esfuerzo sólo en raros casos tiene éxito, a menos que venga en su ayuda la labor analítica, y aún entonces no lo alcanza siempre; con harta frecuencia termina en el completo aniquilamiento y la desintegración del yo, o en su sojuzgamiento por aquel sector precozmente escindido y dominado por el trauma.

Para convencer al lector de la realidad de estas condiciones sería necesario comunicar detalladamente numerosas biografías de neuróticos, más en tal caso la amplitud y la dificultad del tema destruirían por completo la unidad de este trabajo, que se convertiría en un tratado sobre la teoría de las neurosis, y aun así su influencia quizá sólo quedase reducida a aquella minoría que ha dedicado su existencia al estudio y a la práctica del psicoanálisis. Dado que me dirijo aquí a un público más amplio, no me queda otro recurso sino solicitar al lector que conceda por el momento cierto crédito a las consideraciones que acabo de exponer sucintamente, quedando entendido, por mi parte, que sólo habrá de aceptar las conclusiones a las cuales pueda conducirle, una vez que demuestren ser exactas las doctrinas que constituyen su fundamento. No obstante, bien puedo intentar la descripción de un único caso que permite reconocer con particular claridad algunas de las mencionadas características de la neurosis. Desde luego, no debe esperarse que un solo caso lo demuestre todo, ni habrá que llamarse a decepción si su contenido se aparta lejos de aquello cuya analogía tratamos de establecer.

Un niño pequeño, que en los primeros años de su vida había compartido el dormitorio de los padres -como sucede tan a menudo en las familias de la pequeña burguesía-, tuvo frecuentes y aún constantes oportunidades de observar las relaciones sexuales de los padres, de ver muchas cosas y de oír muchas más, ocurriendo todo esto a una edad en que apenas había alcanzado la capacidad del lenguaje. En su neurosis ulterior, desencadenada inmediatamente después de la primera polución espontánea, el insomnio se destacaba como síntoma más precoz y molesto: el niño se tornó sumamente sensible a los ruidos nocturnos, y una vez despierto, no podía volver a conciliar el sueño. Este trastorno del reposo era un genuino síntoma de transacción: por un lado, expresaba su defensa contra aquellas observaciones nocturnas; por el otro, era una tentativa de restablecer el estado de vigilia que otrora le permitió atisbar aquellas impresiones.

Despertada precozmente su virilidad agresiva por tales observaciones, el niño comenzó a excitar manualmente su pequeño falo y a emprender diversos ataques sexuales contra la madre, identificándose con el padre, cuyo lugar ocupaba al hacerlo. Estas actividades continuaron hasta que por fin la madre le prohibió tocarse el pene, amenazándole además con contárselo todo al padre, quien lo castigaría quitándole el pecaminoso miembro. Tal amenaza de castración tuvo un efecto traumático extraordinariamente poderoso sobre el niño, que abandonó su actividad sexual y experimentó una modificación del carácter. En lugar de identificarse con el padre, comenzó a temerlo, adoptó una posición pasiva frente a él, y mediante ocasionales travesuras provocaba sus castigos físicos, que adquirieron para él significación sexual, de modo que al sufrirlos pudo identificarse con su maltratada madre. Se aferró cada vez más temerosamente a la madre, como si en ningún momento pudiera pasarse sin su amor, en el que veía la protección contra el peligro de castración que lo amenazaba por parte del padre. Dominado por esta modificación del complejo de Edipo, transcurrió el período de latencia libre de trastornos notables; se convirtió en un niño ejemplar y tuvo éxito en sus labores escolares.

Hasta aquí hemos perseguido la repercusión inmediata del trauma, confirmando el fenómeno de la latencia.

El comienzo de la pubertad trajo consigo la neurosis manifiesta y dio expresión a su segundo síntoma básico, la impotencia sexual. El adolescente había perdido toda sensibilidad genital, nunca intentaba tocarse el pene ni osaba aproximarse a una mujer con intenciones eróticas. Toda su actividad sexual quedó limitada a la masturbación psíquica, con fantasías sadomasoquistas en las cuales era difícil dejar de reconocer los derivados de aquellas tempranas observaciones del coito parental. El brote de masculinidad exaltada por la pubertad que trae aparejado se consumió en feroz odio y en rebeldía contra el padre. Esta relación, llevada al extremo de no vacilar siquiera ante la autodestrucción, provocó también su fracaso en la vida y sus conflictos con el mundo exterior. Así, le era imposible tener éxito en su profesión, pues el padre se la había impuesto; tampoco tenía amigos y jamás entabló buenas relaciones con sus superiores.

Cuando, aquejado por estos síntomas e inhibiciones y muerto ya el padre, logró hallar por fin una mujer, se manifestaron en él, como núcleo de su modalidad, rasgos de carácter que convirtieron su trato en empresa muy difícil para cuantos lo rodeaban. Desarrolló una personalidad absolutamente egoísta, despótica y brutal, que parecía sentir la necesidad imperiosa de oprimir y ofender a los demás. Llegó a ser la copia fiel del padre, de acuerdo con la imagen de éste que había plasmado en su memoria, es decir, reanimó la identificación paterna en la cual el niño pequeño se había precipitado años atrás por motivos sexuales. En estas manifestaciones reconocemos el retorno de lo reprimido que hemos descrito como parte integrante de los rasgos esenciales de toda neurosis, junto con las repercusiones inmediatas del trauma y con el fenómeno de la latencia.

D

Aplicación

Trauma precoz -defensa-latencia-desencadenamiento de la neurosis-retorno parcial de lo reprimido: he aquí la fórmula que establecimos para el desarrollo de una neurosis. Ahora invitamos al lector a que dé un paso más, aceptando que en la vida de la especie humana acaeció algo similar a los sucesos de la existencia individual, es decir, que también en aquélla ocurrieron conflictos de contenido sexual agresivo que dejaron efectos permanentes, pero que en su mayor parte fueron rechazados, olvidados, llegando a actuar sólo más tarde, después de una prolongada latencia, y produciendo entonces fenómenos análogos a los síntomas por su estructura y su tendencia.

Creemos poder conjeturar estos procesos y demostraremos que sus consecuencias, equivalentes a los síntomas neuróticos, son los fenómenos religiosos. No pudiéndose dudar ya, desde la aparición de la idea evolucionista, que el género humano tiene una prehistoria, y siendo ésta ignorada, es decir, olvidada, aquella deducción tiene casi el valor de un postulado. Cuando nos enteremos de que los traumas afectivos y olvidados conciernen, en uno como en otro caso, a la existencia en la comunidad familiar humana, saludaremos esa noticia como un inesperado, pero muy oportuno, complemento que nuestras consideraciones precedentes no llevaban implícito.

Ya sustenté esta tesis hace un cuarto de siglo, en mi libro Totem y tabú (1912-3), de modo que en esta oportunidad me limitaré a reseñarla.

Mi argumentación arranca de un dato de Charles Darwin e incluye una conjetura de Atkinson. Según ella, en épocas prehistóricas el hombre primitivo habría vivido en pequeñas hordas dominadas por un macho poderoso. No es posible precisar su cronología; todavía no se ha podido establecer su relación con las épocas geológicas conocidas; probablemente aquel ser humano aún no hubiese progresado mucho en el desarrollo del lenguaje. Una pieza importante de esta argumentación es la premisa de que el curso evolutivo en ella implícito haya afectado sin excepción a todos los hombres primitivos, o sea, a todos nuestros antepasados.

Narraremos esta historia en una enorme condensación, como si sólo hubiese sucedido una vez lo que en realidad se extendió a muchos siglos, repitiéndose infinitas veces durante este largo período. Así, el macho poderoso habría sido amo y padre de la horda entera, ilimitado en su poderío, que ejercía brutalmente. Todas las hembras le pertenecían: tanto las mujeres e hijas de su propia horda como quizá también las robadas a otras. El destino de los hijos varones era muy duro: si despertaban los celos del padre, eran muertos, castrados o proscritos. Estaban condenados a vivir reunidos en pequeñas comunidades y a procurarse mujeres raptándolas, situación en la cual uno u otro quizá lograra conquistar una posición análoga a la del padre en la horda primitiva. Por motivos naturales, el hijo menor, amparado por el amor de su madre, gozaba de una posición privilegiada, pudiendo aprovechar la vejez del padre para suplantarlo después de su muerte. En las leyendas y en los cuentos creemos reconocer ecos de la proscripción que sufrieron los hijos mayores, como de la situación privilegiada que gozaban los menores.

El siguiente paso decisivo hacia la modificación de esta primera forma de organización "social" habría consistido en que los hermanos, desterrados y reunidos en una comunidad, se concertaron para dominar al padre, devorando su cadáver crudo, de acuerdo con la costumbre de esos tiempos. Este canibalismo no debe ser motivo de extrañeza, pues aún se conserva en épocas muy posteriores. Pero lo esencial es que atribuimos a esos seres primitivos las mismas actitudes afectivas que la investigación analítica nos ha permitido comprobar en los primitivos del presente y en nuestros niños. En otros términos: creemos que no sólo odiaban y temían al padre, sino que también lo veneraban como modelo, y que en realidad cada uno de los hijos quería colocarse en su lugar.

De tal manera, el acto canibalista se nos torna comprensible como un intento de asegurarse la identificación con el padre, incorporándose una porción del mismo.

Es de suponer que al parricidio le sucedió una prolongada época en la cual los hermanos se disputaron la sucesión paterna, que cada uno pretendía retener para sí. Llegaron por fin a conciliarse, a establecer una especie de contrato social, comprendiendo los riesgos y la futilidad de esa lucha, recordando la hazaña libertadora que habían cumplido en común, dejándose llevar por los lazos afectivos anudados durante la época de su proscripción. Surgió así la primera forma de una organización social basada en la renuncia a los instintos, en el reconocimiento de obligaciones mutuas, en la implantación de determinadas instituciones, proclamadas como inviolables (sagradas); en suma, los orígenes de la moral y del derecho. Cada uno renunciaba al ideal de conquistar para sí la posición paterna, de poseer a la madre y a las hermanas. Con ello se estableció el tabú del incesto y el precepto de la exogamia. Buena parte del poderío que había quedado vacante con la eliminación del padre pasó a las mujeres, iniciándose la época del matriarcado. En este período de la «alianza fraterna» aún sobrevivía el recuerdo del padre, recurriéndose como sustituto de este a un animal fuerte, que al principio quizá también fuese siempre uno temido. Puede parecernos extraña semejante elección, pero hemos de tener en cuenta que el abismo creado más tarde por el hombre entre sí mismo y el animal no existía para los primitivos, como tampoco existe en nuestros niños, cuyas zoofobias hemos logrado interpretar como expresiones del miedo al padre. La relación con el animal totémico retenía íntegramente la primitiva antítesis (ambivalencia) de los vínculos afectivos con el padre. Por un lado, el totem representaba al antepasado carnal y espíritu tutelar del clan, debiéndosele veneración y respeto, por el otro, se estableció un día festivo en el que se le condenaba a sufrir el mismo destino que había sufrido el padre primitivo: era muerto y devorado en común por todos los hermanos (banquete totémico, según Robertson Smith). En realidad, esta magna fiesta era una celebración triunfal de la victoria de los hijos aliados contra el padre.

Más, ¿dónde interviene en este asunto la religión? En que, según creo, el totemismo, con su adoración de un sustituto paterno, con la ambivalencia frente al padre expresada en el banquete totémico, con la institución de fiestas conmemorativas, de prohibiciones cuya violación se castiga con la muerte: creo, pues, que tenemos sobrados motivos para considerar al totemismo como la primera forma en que se manifiesta la religión en la historia humana y para confirmar el hecho de que desde su origen mismo la religión aparece íntimamente vinculada con las formaciones sociales y con las obligaciones morales. Aquí sólo podemos ofrecer una brevísima visión panorámica de las evoluciones ulteriores que siguió la religión; sin duda alguna, estas corren paralelas con los progresos culturales del género humano y con las transformaciones que sufrió la estructura de las instituciones sociales.

El primer progreso a partir del totemismo es la humanización del ente venerado. En lugar de los animales aparecen dioses humanos cuya descendencia del totem es manifiesta, pues el dios aún es representado con figura animal, o por lo menos con facciones de animal, o bien el totem se convierte en compañero inseparable del dios, o bien, por fin, la leyenda hace que el dios mate precisamente a ese animal, que en realidad no era sino su predecesor. En un punto difícilmente determinable de esta evolución, quizá aún antes de los dioses masculinos, aparecen grandes divinidades maternas cuya veneración persiste durante largo tiempo junto a la de aquéllos. Mientras tanto, ha tenido lugar una profunda transformación social. El matriarcado ha cedido la plaza al orden patriarcal restaurado. Desde luego, los nuevos padres jamás alcanzaron la omnipotencia del padre primitivo, pues eran demasiados y vivían agrupados en sociedades mayores que la horda primitiva; tuvieron que conciliarse entre sí y se vieron coartados por preceptos sociales. Probablemente, las divinidades maternas surgieron en la época de limitación del matriarcado, con el fin de indemnizar a las madres destronadas. Las deidades masculinas aparecen por primera vez como hijos, junto a las grandes madres, y sólo posteriormente adquieren nítidos rasgos de figuras paternas. Estos dioses masculinos del politeísmo reflejan las condiciones de la época patriarcal: son numerosos, se limitan mutuamente y en ocasiones se subordinan a un dios superior. Pero la etapa siguiente nos lleva al tema que aquí nos ocupa: al retorno del dios paterno único, exclusivo y todopoderoso.

Debemos conceder que este esquema histórico es incompleto y que en muchos puntos precisa ser confirmado; pero quien pretendiera declarar fantasía nuestra reconstrucción de la historia primitiva, incurriría en grave menosprecio de la riqueza y el valor demostrativo del material con que la hemos edificado.

Grandes sectores del pasado que aquí hemos anudado en un todo orgánico han sido históricamente demostrados, como el totemismo y las alianzas varoniles. Otros elementos se han conservado en forma de réplicas notables. Así, a más de un autor le ha llamado la atención cuán fielmente el rito de la comunión cristiana, en el que el creyente ingiere simbólicamente la sangre y la carne de su dios, repite el sentido y el contenido del antiguo banquete totémico. Numerosos restos de aquellas olvidadas épocas primitivas subsisten en las leyendas y en los cuentos del acervo popular, y, por otra parte, el estudio analítico de la vida psíquica infantil ha suministrado un material inesperadamente rico que viene a colmar las lagunas de nuestros conocimientos del tan importante vínculo con el padre, basta consignar las zoofobias, el temor, al parecer tan extraño, de ser devorado por el padre y la enorme intensidad de la angustia de castración. Nuestro edificio teórico no contiene nada que haya sido arbitrariamente inventado o que carezca de bases sólidas.

Si se admite nuestra exposición de la prehistoria, considerándola en términos generales digna de crédito, será posible discernir elementos de dos clases en las doctrinas y en los ritos religiosos: por un lado, fijaciones a la prehistoria familiar y restos de ésta; por el otro, reproducciones de lo pasado, evocaciones de lo olvidado, luego de largos intervalos. Este último elemento, que hasta ahora pasó inadvertido y por ello no fue comprendido, será ilustrado en esta ocasión a través de, por lo menos, un ejemplo convincente.

En efecto: es digno de particular atención el hecho de que cualquier elemento retornado del olvido se impone con especial energía, ejerciendo sobre las masas humanas una influencia incomparablemente poderosa y revelando una irresistible pretensión de veracidad contra la cual queda inerme toda argumentación lógica, a manera del credo quia absurdum. Sólo podrá comprenderse este enigmático carácter comparándolo con el delirio del psicótico. Hace tiempo hemos advertido que la idea delirante contiene un trozo de verdad olvidada, que ha debido someterse a deformaciones y confusiones en el curso de su evocación y que la convicción compulsiva inherente al delirio emana de este núcleo de verdad y se extiende a los errores que lo envuelven. Semejante contenido de verdad -que bien podemos llamar verdad histórica- también hemos de concedérselo a los artículos de los credos religiosos, que, si bien tienen el carácter de síntomas psicóticos, se han sustraído al anatema del aislamiento presentándose como fenómenos colectivos.

Ningún otro sector de la historia de las religiones ha adquirido para nosotros tanta transparencia como la implantación del monoteísmo entre los judíos y su continuación en el cristianismo, abstracción hecha de la evolución, no menos íntegramente comprensible, que conduce del animal totémico al dios antropomorfo, provisto de su invariable compañero animal. (Hasta cada uno de los cuatro evangelistas cristianos tiene aún su animal predilecto.) Admitiendo por el momento que la hegemonía mundial de los faraones fue el motivo exterior que permitió la aparición de la idea monoteísta, se advierte al punto que ésta es separada de su terreno original, es injertada a un nuevo pueblo, del cual se apodera luego de un prolongado período de latencia, siendo custodiada por él como su tesoro más preciado y confiriéndole, a su vez, la fuerza necesaria para sobrevivir, al imponerle el orgullo de sentirse el pueblo elegido. Es precisamente la religión del protopadre la que anima las esperanzas de recompensa, distinción y, por fin, la de dominación del mundo. Esta última fantasía desiderativa, hace tiempo abandonada por el pueblo judío, aún sobrevive entre sus enemigos como creencia en la conspiración de los «Sabios de Sión». Más adelante señalaremos de qué modo debieron actuar sobre el pueblo judío las particularidades específicas de la religión monoteísta que tomó de Egipto, plasmando definitivamente su carácter al hacerle repudiar la magia y la mística, al impulsarle por el camino de la espiritualidad y de las sublimaciones. Así, este pueblo, feliz en su convicción de poseer la verdad e imbuido de la conciencia de ser el elegido, llegó a encumbrar todo lo intelectual y lo ético, tendencias que por fuerza hubieron de ser acentuadas por el destino aciago y por las defraudaciones reales que sufrió. Por el momento, sin embargo, perseguiremos su evolución histórica en otra dirección.

La restauración del protopadre en todos sus derechos históricos significó, sin duda alguna, un considerable progreso, pero no pudo ser un término final, pues también los restantes elementos de la tragedia prehistórica exigían imperiosamente que se les prestara reconocimiento. No es fácil colegir qué puede haber puesto en marcha tal proceso. Parecería que, como precursor del retorno del contenido reprimido, un creciente sentimiento de culpabilidad se apoderó del pueblo judío, y quizá aun de todo el mundo a la sazón civilizado, hasta que por fin un hombre de aquel pueblo halló en la reivindicación de cierto agitador político-religioso el pretexto para separar del judaísmo una nueva religión: la cristiana. Pablo, un judío romano oriundo de Tarso, captó aquel sentimiento de culpabilidad y lo redujo acertadamente a su fuente protohistórica, que llamó «pecado original», crimen contra Dios que sólo la muerte podía expiar. Con el pecado original la muerte había entrado en el mundo. En realidad, ese crimen punible de muerte había sido el asesinato del protopadre, divinizado más tarde; pero la doctrina no recordó el parricidio, sino que en su lugar fantaseó su expiación, y por ello esta fantasía pudo ser saludada como un mensaje de salvación (Evangelio). Un Hijo de Dios se había dejado matar, siendo inocente, y con ello había asumido la culpa de todos. Era preciso que fuese un Hijo, pues debía expiarse el asesinato de un Padre. La elaboración de la fantasía redentora probablemente sufriera el influjo de tradiciones originadas en misterios orientales y griegos, pero lo esencial en ella parecer ser obra del propio Pablo, un hombre de la más pura y cabal disposición religiosa, en cuya alma acechaban las oscuras huellas del pasado, dispuestas a irrumpir hacia las regiones de la conciencia.

La circunstancia de que el Redentor se hubiese sacrificado siendo inocente era una deformación evidentemente tendenciosa, difícil de conciliar con el pensamiento lógico, pues, ¿cómo podría alguien, inocente en el homicidio, asumir sobre sí la culpa de los asesinos mediante el simple expediente de dejarse matar? La realidad histórica, en cambio, no presentaba semejante contradicción. El «redentor» no podía ser sino el principal culpable, el caudillo de la horda fraterna que había derrocado al Padre. A mi juicio, no podemos decidir si alguna vez existió semejante incitador y caudillo de los rebeldes; es muy posible que así fuera, pero también debemos tener en cuenta que cada uno de los miembros de la horda fraterna tuvo ciertamente el deseo de realizar por sí solo el crimen, conquistando así una posición privilegiada y un sucedáneo de la identificación paterna que debía ser abandonada en aras de la comunidad. Caso que no haya existido tal cabecilla, Cristo es el heredero de una fantasía desiderativa jamás realizada; si realmente existió aquél, éste es su sucesor y su reencarnación. Pero ya nos encontramos aquí ante una fantasía, ya ante el retorno de una realidad olvidada, lo cierto es que en este hecho reside el origen de la concepción del héroe: el que siempre se subleva contra el padre, el que lo mata bajo uno u otro disfraz. He aquí también la verdadera fuente de la «culpa trágica» que el héroe asume en el drama y que es tan difícil demostrar de otro modo. Apenas puede dudarse de que el protagonista y el coro de la tragedia griega representan precisamente a este héroe rebelde y a la horda fraterna; tampoco carece de significación la circunstancia de que en la Edad Media el teatro renaciera con las representaciones de la Pasión.

Ya hemos señalado que la ceremonia cristiana de la santa comunión, en la que el creyente ingiere la carne y la sangre del Redentor, no hace sino reproducir el tema del antiguo banquete totémico, aunque tan sólo en su sentido tierno, de veneración, y no en el sentido agresivo. Pero la ambivalencia que rige toda la relación con el padre se evidenció claramente en el producto final de la innovación religiosa, pues aunque estaba destinada a propiciar la reconciliación con el padre-dios, concluyó con su destronamiento y su eliminación. El judaísmo había sido una religión del Padre; el cristianismo se convirtió en una religión del Hijo. El antiguo Dios-Padre pasó a segundo plano, detrás de Cristo; Cristo, el Hijo, vino a ocupar su lugar, tal como cada uno de los hijos lo había anhelado en aquellos tiempos primitivos. Pablo, el continuador del judaísmo, se convirtió también en su destructor. Sin duda, su éxito obedeció, en primer lugar, al hecho de que con la idea de la redención había invocado el humano sentimiento de culpabilidad, pero además se debió a que renunció al privilegio del pueblo elegido, como lo demuestra el abandono de su signo ostentativo, la circuncisión, de manera que la nueva religión pudo alcanzar carácter universal y extenderse a todos los hombres. Aunque en este paso dado por Pablo puede haber influido su sed de venganza por la repulsa con que los judíos recibieron sus innovaciones, con él quedaba restablecido, sin embargo, un carácter de la antigua religión de Aton, su universalidad, aboliéndose así la limitación que había sufrido al pasar a su nuevo portador, el pueblo judío.

En ciertos sentidos, la nueva religión representó una regresión cultural frente a la anterior, la judía, como suele suceder cuando nuevas masas humanas de nivel cultural inferior irrumpen o son admitidas en culturas más antiguas. La religión cristiana no mantuvo el alto grado de espiritualización que había alcanzado el judaísmo. Ya no era estrictamente monoteísta, sino que incorporó numerosos ritos simbólicos de los pueblos circundantes, restableció la gran Diosa Madre y halló plazas, aunque subordinadas, para instalar a muchas deidades del politeísmo, con disfraces harto transparentes. Pero, ante todo, no cerró la puerta -como lo había hecho la religión de Aton y la mosaica que le sucedió- a los elementos supersticiosos, mágicos y místicos, que habrían de convertirse en graves obstáculos para el desarrollo espiritual de los dos milenios siguientes.

El triunfo del cristianismo fue una nueva victoria de los sacerdotes de Amon sobre el dios de Ikhnaton, lograda al cabo de quince siglos y en un ámbito mucho más vasto. Sin embargo, el cristianismo marca un progreso en la historia de las religiones, es decir, con respecto al retorno de lo reprimido, mientras que desde entonces la religión judía quedó reducida en cierta manera a la categoría de un fósil.

Valdría la pena tratar de comprender por qué la idea monoteísta ejerció semejante imperio precisamente sobre el pueblo judío y por qué éste se le aferró con tal tenacidad. Creo que dicha pregunta tiene respuesta. El destino enfrentó al pueblo judío con la gran hazaña, la criminal hazaña de los tiempos primitivos -el parricidio-, pues le impuso su repetición en la persona de Moisés, una eminente figura paterna. En otros términos, el pueblo judío ofrece un caso de "actuación" -en lugar de recordar-, como sucede tan frecuentemente durante el análisis de los neuróticos. Pero ante la doctrina de Moisés, que los estimulaba a recordar el crimen, los judíos reaccionaron negando el acto cometido, deteniéndose en el reconocimiento del gran Padre y cerrándose así el acceso a la fase de la cual Pablo había de arrancar más tarde para desarrollar su continuación de la protohistoria. Por otra parte, difícilmente podríase atribuir a mera casualidad el hecho de que la institución religiosa de Pablo partiese también de la muerte violenta de otro gran hombre. Un hombre, es cierto, al que unos pocos prosélitos de Judea tenían por el Hijo de Dios y el anunciado Mesías; un hombre que más tarde asumió una parte de la historia de infancia atribuida a Moisés, pero del cual en realidad apenas tenemos informaciones más certeras que las correspondientes al propio Moisés; un hombre del cual ni siquiera sabemos si realmente fue el gran Maestro que describen los Evangelios, o si no fueron más bien las circunstancias y el hecho mismo de su muerte los que decidieron la importancia que su persona llegaría a adquirir. Pablo, llamado a ser su apóstol, ni siquiera alcanzó a conocerle personalmente.

De tal modo, pues, la muerte de Moisés a manos de sus judíos -hecho descubierto por Sellin a través de las huellas que dejó en la tradición, y que, por curioso que parezca, también admitió el joven Goethe, sin basarse en prueba alguna- , se convierte así en un elemento imprescindible de nuestra argumentación teórica, en un importante eslabón entre los sucesos prehistóricos olvidados y su ulterior reaparición bajo la forma de las religiones monoteístas. Es, por cierto, seductora la presunción de que el remordimiento por el asesinato de Moisés haya dado impulso a la fantasía desiderativa del Mesías, que había de retornar trayendo a su pueblo la redención y el prometido dominio del mundo entero.

Si Moisés fue ese primer Mesías, Cristo hubo de ser suplente y sucesor, y en tal caso Pablo también pudo decir a los pueblos, con cierta justificación histórica: «Ved, el Mesías en verdad ha vuelto, pues ante vuestros ojos ha sido asesinado.» En tal caso, también la resurrección de Cristo tiene una parte de verdad histórica, pues él era, en efecto, Moisés resucitado, y tras esto el protopadre de la horda primitiva, que había vuelto en transfiguración para ocupar, como hijo, el lugar del padre.

El pobre pueblo judío, que con su acostumbrada tozudez siguió negando el parricidio, tuvo que expiar amargamente esta actitud en el curso de los tiempos. Continuamente se le echó en cara: «Vosotros habéis matado a nuestro Dios.» Correctamente interpretado, este reproche hasta es justo, pues referido a la historia de las religiones reza así: «Vosotros no queréis admitir que habéis asesinado a Dios» (al arquetipo de Dios, al protopadre y a todas sus reencarnaciones ulteriores). Pero debería agregarse: «Claro está que nosotros hicimos otro tanto, pero al menos lo hemos admitido y desde entonces estamos redimidos.»

Más no todas las inculpaciones con que el antisemitismo persigue a los descendientes del pueblo judío son acreedoras a análoga justificación. Naturalmente, un fenómeno tan intenso y persistente como el odio de los pueblos a los judíos debe tener más de un fundamento. Podemos adivinar toda una serie de motivos: algunos, manifiestamente derivados de la realidad, que no exigen interpretación alguna; otros, más profundos, originados en fuentes ocultas, que quisiéramos considerar como motivos específicos. Entre los primeros, el más falaz posiblemente sea el reproche de su extranjería, pues en muchos de los lugares dominados hoy por el antisemitismo, los judíos constituyen la parte más antigua de la población o aún se establecieron allí antes que sus actuales habitantes. Tal es el caso, por ejemplo, en la ciudad de Colonia, a la que los judíos llegaron con los romanos aún antes de ser ocupada por los germanos. Otros fundamentos del odio contra los judíos son más sólidos; así, por ejemplo, la circunstancia de que suelen vivir formando minorías en el seno de otros pueblos, pues el sentimiento de comunidad de las masas precisa para completarse el odio contra una minoría extraña, cuya debilidad numérica incide a oprimirla. Pero otras dos peculiaridades de los judíos son absolutamente imperdonables. Ante todo, la de que en ciertos sentidos se diferencien de sus «huéspedes», aunque no sean fundamentalmente distintos, pues no constituyen una remota raza asiática, como afirman sus enemigos, sino que en su mayor parte están formados por restos de los pueblos mediterráneos y son herederos de su cultura. Pero, en todo caso, son distintos, a menudo indefiniblemente distintos, ante todo de los pueblos nórdicos; y aunque parezca extraño, la intolerancia de las masas se manifiesta más intensamente frente a las pequeñas diferencias que ante las fundamentales. Más grave aún es su segunda cualidad: la de desafiar todas las opresiones, la de que las más crueles persecuciones no hayan logrado exterminarlos, pues, por el contrario, manifiestan la capacidad de imponerse en toda actividad dirigida a su subsistencia, aportando también valiosas contribuciones a la cultura cuando se les permite el acceso a esta.

Los motivos más profundos del odio a los judíos tienen sus raíces en tiempos muy remotos, actúan desde el inconsciente de los pueblos y, a no dudarlo, podrán parecer inverosímiles de primera intención. En efecto, me atrevo a afirmar que aún hoy no se ha logrado superar la envidia contra el pueblo que osó proclamarse hijo primogénito y predilecto de Dios-Padre, cual si efectivamente se concediera crédito a esta pretensión. Además, entre las costumbres con que se distinguieron los judíos, la circuncisión ha impresionado desagradable y siniestramente, debido sin duda a que evoca la temida castración, tocando con ello una parte del pasado prehistórico que todos olvidarían de buen grado.

Y, por fin, como motivo más reciente de esta serie cabe tener presente que todos esos pueblos, hoy destacados enemigos de los judíos, no se convirtieron al cristianismo sino en épocas relativamente tardías, y muchas veces fueron compelidos a hacerlo por sangrienta imposición. Podría decirse que todos ellos fueron, en cierto momento, «mal bautizados»; que bajo un tenue barniz cristiano siguen siendo lo que eran sus antepasados, adoradores de un politeísmo bárbaro. No lograron superar todavía su rencor contra la nueva religión que les fue impuesta, pero lo han desplazado a la fuente desde la cual les llegó el cristianismo. La circunstancia de que los Evangelios narran una historia que sucede entre judíos y que, en realidad, sólo trata de judíos, ha facilitado, por cierto, semejante desplazamiento.

En el fondo, el odio de estos pueblos contra los judíos es un odio a los cristianos, y no debe sorprendernos que esta íntima vinculación entre las dos religiones monoteístas se haya expresado tan claramente en la persecución de ambas por la revolución nacional-socialista alemana.

E

Dificultades

Quizá hayamos logrado demostrar en lo que antecede la analogía entre los procesos neuróticos y los fenómenos religiosos, señalando así el insospechado origen de los últimos. Al llegar a cabo esta transferencia de la psicología individual a la de las masas surgen dos dificultades de distinta índole e importancia, que ahora merecerán nuestra atención. La primera reside en que aquí sólo hemos tratado un caso aislado de la rica fenomenología que presentan las religiones, sin arrojar luz alguna sobre los restantes. El autor se ve obligado a admitir con pesadumbre su incapacidad para ofrecer más que esta sola demostración, pues su saber científico no alcanza para completar la investigación. Sin embargo, sus limitados conocimientos aún le permiten agregar, por ejemplo, que la fundación de la religión mahometana representa, en su concepto, una repetición abreviada de la judía, habiendo surgido como imitación de ésta. Parecería, en efecto, que el profeta tuvo originalmente el propósito de adoptar el judaísmo en pleno. La recuperación del protopadre único y excelso produjo en los árabes una extraordinaria exaltación de su autoestima que los condujo a grandes triunfos materiales, pero que también se agotó en estos. Alá se mostró mucho más agradecido para con su pueblo elegido que otrora Jahve frente al suyo. Pero el desarrollo interno de la nueva religión se detuvo al poco tiempo, quizá porque le faltara la profundidad que en el caso de la judía resultó del asesinato de su fundador. Las religiones orientales, aparentemente racionalistas, son esencialmente cultos de antepasados, y por tanto también ellas se detienen en las primeras etapas de la reconstrucción del pasado. De ser cierto que en los actuales pueblos primitivos se encuentra el reconocimiento de un Ser Supremo como único contenido de su religión, esto sólo podría ser interpretado como una atrofia de la evolución religiosa, a semejanza de los innumerables casos de neurosis rudimentarias que es dable observar en la psicología clínica. Ni en el campo individual ni en el colectivo logramos comprender por qué se ha detenido la mencionada evolución. Convendrá tener en cuenta la parte que incumbe a los dones individuales de estos pueblos, a la orientación de sus actividades y a sus circunstancias sociales en general. Por lo demás, una buena regla de la labor analítica aconseja conformarse con la explicación de lo existente, sin tratar de explicar lo que aún no ha llegado a producirse.

La segunda dificultad de esta aplicación a la psicología de las masas es mucho más importante, pues ofrece un nuevo problema de carácter esencial. Plantéase la cuestión de la forma bajo la cual la tradición activa en la vida de los pueblos, problema que no se da en el caso del individuo, pues en éste queda resuelto por la existencia en el inconsciente de los restos mnemónicos del pasado. Volvamos pues, a nuestro ejemplo histórico. Habíamos explicado el compromiso de Qadesh por la persistencia de una poderosa tradición en el pueblo retornado de Egipto. Este caso no esconde problema alguno. De acuerdo con nuestra hipótesis, tal tradición se habría apoyado en el recuerdo consciente de comunicaciones orales que el pueblo judío de esa época había recibido, a través de sólo dos o tres generaciones, de sus antepasados, que a su vez fueron participantes y testigos presenciales de los sucesos en cuestión. Pero ¿acaso podemos aceptar que haya ocurrido lo mismo en siglos más recientes: que la tradición siempre se fundó en un conocimiento transmitido en forma normal, de generación en generación ? Hoy ya no es posible indicar, como en el caso precedente, cuáles fueron las personas que conservaron y transmitieron de boca en boca tal noción tradicional. Según Sellin, la tradición del asesinato de Moisés siempre subsistió entre los sacerdotes, hasta que por fin halló expresión escrita, único medio que permitió a dicho autor establecer su existencia. Pero, en todo caso, sólo pudo ser conocida de pocos, pues no había pasado al dominio popular. ¿Por ventura bastan tales condiciones para explicar la repercusión que tuvo esta corriente tradicional? ¿Es posible aceptar que algo conocido por sólo pocas personas tenga el poder de apoderarse tan tenazmente de las masas, apenas llega a conocimiento de éstas? Sería mucho más verosímil que también entre la masa ignorante haya existido algo afín, en cierto modo, al conocimiento de aquellos pocos, algo que viniese al encuentro de la tradición cuando ésta llegó a manifestarse.

Es todavía más difícil llegar a una conclusión en el caso análogo de la prehistoria. Al correr los milenios se olvidó, por cierto, que alguna vez existió un protopadre dotado de las conocidas cualidades, y cuál fue el destino que sufrió; tampoco cabe suponer que de ello existiera, como en el caso de Moisés, una tradición oral. ¿En qué sentido puede hablarse entonces de una tradición? ¿En qué forma puede haberse conservado ésta?

Para facilitar la comprensión a los lectores que no estén dispuestos o preparados para sumirse en intrincadas situaciones psicológicas comenzaré por renunciar el resultado de la investigación siguiente.

Helo aquí: Sostengo que en este punto es casi completa la concordancia entre el individuo y la masa: también en las masas se conserva la impresión del pasado bajo la forma de huellas mnemónicas inconscientes.

En lo que al individuo se refiere, creemos concebir los hechos con toda claridad. La huella mnemónica de las vivencias tempranas siempre se conserva en él, pero en un estado psicológico peculiar. Podría decirse que el individuo jamás deja de conocer los hechos olvidados, a manera del conocimiento que se tiene de lo reprimido. Al respecto nos hemos formado ciertas concepciones fácilmente verificables por el análisis, acerca de cómo algo puede ser olvidado y no obstante, puede aparecer de nuevo al cabo de cierto tiempo. Lo olvidado no está extinguido, sino sólo «reprimido»; sus huellas mnemónicas subsisten en plena lozanía, pero están aisladas por «contracatexis». No pueden establecer contacto con los demás procesos intelectuales; son inconscientes, inaccesibles a la conciencia. También puede suceder que ciertos sectores de lo reprimido escapen al proceso de la represión, permaneciendo accesibles al recuerdo y penetrando ocasionalmente en la conciencia, pero aún entonces aparecen en completo aislamiento, como cuerpos extraños inconexos con el resto. Tal cosa es posible, pero no necesaria; la represión también puede ser completa, y es éste el caso al cual nos ajustaremos en lo que sigue.

Esto, lo reprimido, conserva todo su empuje, su tendencia a irrumpir hacia la conciencia, logrando su objetivo bajo tres condiciones: 1) cuando la fuerza de la contracatexis es disminuida por procesos patológicos que afectan el resto del aparato psíquico, el denominado yo, o bien por una redistribución de las energías catécticas en este yo, como sucede regularmente al dormir; 2) cuando la dotación instintiva anexa a lo reprimido experimenta un reforzamiento particular como lo ejemplifican cabalmente los procesos de la pubertad; 3) cuando entre las vivencias actuales aparecen en algún momento impresiones o sucesos tan semejantes a lo reprimido, que son capaces de reanimarlo; en tal caso, el material reciente es reforzado por la energía latente de lo reprimido, de manera que el material reprimido alcanza su efectuación bajo la capa de lo reciente y con ayuda de éste. En ninguno de estos tres casos el material que hasta el momento había estado reprimido llega directamente a la conciencia sin sufrir alteraciones; por el contrario siempre es preciso que acepte deformaciones, testimonios de la influencia que ejerce la resistencia de la contracatexis, incompletamente superada, así como de la influencia modificadora de las vivencias recientes, o de ambos factores a la vez.

Hemos recurrido al carácter consciente e inconsciente de un proceso psíquico como índice y jalón para orientarnos. Lo reprimido es, sin duda, inconsciente, pero sería una grata simplificación si este aserto pudiera invertirse, es decir, si la diferencia de las cualidades «consciente» (cs) e «inconsciente» (ics) coincidiera con la separación de lo yoico y lo reprimido. El hecho de que en nuestra vida psíquica existan tales contenidos aislados e inconscientes ya sería, de por sí, bastante singular e importante, pero en realidad las cosas son más complicadas. Es cierto que todo lo reprimido es inconsciente, pero ya no es del todo cierto que cuanto pertenece al yo sea también consciente. Advertimos que la conciencia es una cualidad fugaz, sólo transitoriamente adherida a un proceso psíquico. Por eso tendremos que sustituir para nuestros fines «consciente» por «concienciable», y a esta cualidad de ser consciente la llamaremos «preconsciente» (pcs). Entonces diremos, con más justeza, que el yo es esencialmente preconsciente (virtualmente consciente), pero que algunas partes del yo son inconscientes.

Esta última comprobación nos enseña que para orientarnos en las tinieblas de la vida psíquica no bastan las cualidades a que hasta ahora nos hemos atenido. Es preciso que adoptemos una nueva diferenciación, ya no cualitativa, sino topográfica y -lo que le concede particular valor- al mismo tiempo genética. En nuestra vida psíquica, que concebimos como un aparato compuesto de varias instancias, sectores o provincias, discerniremos ahora una región denominada, con propiedad, «yo» de otra que llamamos «ello». El ello es la parte más antigua; el yo se ha desarrollado de él, como si fuera una corteza, por influencia del mundo exterior. En el ello actúan nuestros instintos primitivos; todos los procesos del ello transcurren inconscientemente. El yo coincide, como ya lo hemos dicho con el sector de lo preconsciente; partes del mismo, en condiciones normales, permanecen inconscientes. En los procesos psíquicos del ello rigen leyes de actuación y de interacción muy distintas de las vigentes en el yo. En el fondo, es precisamente el descubrimiento de estas diferencias el que nos ha conducido a nuestra nueva concepción y el que la justifica.

Lo reprimido corresponde al ello, también está supeditado a sus mecanismos y sólo se diferencia de éste en cuanto a su génesis. La diferenciación se lleva a cabo en una época temprana, cuando el yo se desarrolla a partir del ello. Una parte de los contenidos del ello es incorporada entonces por el yo y elevada al nivel preconsciente, mientras que otra parte escapa a esta traslación, permaneciendo en el ello en calidad de «lo inconsciente» propiamente dicho. Pero en el curso ulterior de la formación yoica sucede que ciertas impresiones y funciones psíquicas del yo quedan excluidas del mismo por un proceso defensivo, perdiendo su carácter preconsciente, de modo que nuevamente se ven rebajadas a elementos integrantes del ello. He aquí, pues, lo «reprimido» que existe en el ello. Por consiguiente, en lo que se refiere al tráfico entre ambas provincias psíquicas, aceptamos, por un lado, que los procesos inconscientes del ello pueden ser elevados al nivel preconsciente e incorporados al yo; por otro lado, que los materiales preconscientes del yo pueden seguir el camino inverso, siendo relegados al ello. No concierne a nuestro presente interés el hecho de que más tarde se delimite en el yo un sector particular: el del superyo.

Todo esto puede parecer muy poco simple, pero una vez que nos hayamos familiarizado con la insólita concepción espacial o topográfica del aparato psíquico, su representación ya no podrá ofrecer dificultades extraordinarias. Aún debo señalar que la topografía psíquica aquí desarrollada nada tiene que ver con la anatomía cerebral, a la que sólo toca en un único punto. Además, la insuficiencia de esta concepción, que percibo tan claramente como el que más, obedece a nuestra completa ignorancia sobre la naturaleza dinámica de los procesos psíquicos. Hemos llegado a comprender que la diferencia entre una idea consciente y otra preconsciente, y, a su vez, entre ésta y una inconsciente, no puede residir sino en una modificación o quizá una redistribución de la energía psíquica. Hablamos de catexis e hipercatexis, pero fuera de ello nos falta todo conocimiento y aún todo punto de partida para establecer una fructífera hipótesis de trabajo. Sobre el fenómeno de la conciencia podemos decir, al menos, que originalmente adhiere a la percepción. Todas las impresiones derivadas de la percepción de estímulos dolorosos, táctiles, auditivos o visuales son habitualmente conscientes. Los principios cogitativos y los que en el ello puedan corresponderles son de por sí inconscientes; y sólo logran acceso en la conciencia, a través de la función del lenguaje, merced a su vinculación con restos mnemónicos de percepciones visuales o auditivas.

En el animal, que carece de aquella función, estas condiciones deben ser más simples.

Las impresiones de los traumas precoces, que fueron nuestro punto de partida, no son trasladadas a lo preconsciente, o bien son vueltas rápidamente a la condición del ello por la represión. En tal caso, sus restos mnemónicos son inconscientes y actúan desde el ello. Creemos poder perseguir fácilmente su destino ulterior, siempre que se trate de experiencias personales del individuo. En cambio, surge una nueva complicación cuando nos percatamos de que en la vida psíquica del individuo no sólo actúan, probablemente, contenidos vivenciados por él mismo, sino también otros ya existentes al nacer; es decir, fragmentos de origen filogénico, una herencia arcaica. En tal caso tendremos que preguntarnos: ¿En qué consiste esta herencia, qué contiene, cuáles son las pruebas de su existencia?

La primera y más segura respuesta nos dice que esa herencia está formada por determinadas disposiciones, como las que poseen todos los seres vivientes. En otros términos, consta de la capacidad y la tendencia a seguir determinadas orientaciones evolutivas y a reaccionar de modo particular frente a ciertas excitaciones, impresiones y estímulos. Dado que la experiencia nos demuestra que los individuos de la especie humana presentan, al respecto, diferencias entre sí, esa herencia arcaica debe incluir tales diferencias, que formarían lo que se acepta como factor constitucional del individuo. Ahora bien, como todos los seres humanos experimentan, por lo menos en su más temprana edad, más o menos las mismas vivencias, también reaccionan frente a éstas de manera uniforme, pudiéndose plantear la duda de si no habría que atribuir estas reacciones, junto con todas sus diferencias individuales, a la mencionada herencia arcaica. Esta duda debe ser desechada; la circunstancia de dicha uniformidad no enriquece nuestros conocimientos sobre la herencia arcaica.

Pero la investigación analítica ha ofrecido algunos resultados que deben ser materia de reflexión. Ante todo, nos encontramos con el carácter universal del simbolismo lingüístico. La sustitución simbólica de un objeto por otro -lo mismo ocurre con las acciones- es perfectamente familiar y natural en todos los niños. No es posible determinar cómo podrían haberla aprendido, y en muchos casos aun debemos admitir la imposibilidad de aprenderla.

He aquí un conocimiento primordial que el adulto olvidará más tarde, pues aunque emplee los mismos símbolos en sus sueños, ya no los comprende, a menos que el analista se los interprete y aun entonces no se muestra muy dispuesto a aceptar la traducción. Cuando emplea alguna de las locuciones tan comunes en las cuales se encuentra cristalizado este simbolismo, debe admitir que su sentido cabal se le ha escapado por completo. El simbolismo también trasciende las diferencias entre las lenguas; su estudio probablemente demostraría que es ubicuo, uno y el mismo en todos los pueblos. Parecería, pues, que aquí nos encontrásemos ante un caso indudable de herencia arcaica, procedente de la época en que se desarrolló el lenguaje, pero aún podría intentarse una explicación distinta, afirmando que se trata de relaciones cogitativas entre ideas, establecidas durante el desarrollo histórico del lenguaje y que por fuerza deben ser repetidas cada vez que un individuo desarrolla su propio lenguaje. Nos veríamos entonces ante un caso de herencia de una disposición intelectual similar a la herencia de una disposición instintiva, y nuevamente habríamos perdido un aporte a la aclaración de nuestro problema.

Sin embargo, la investigación analítica también ha traído a la luz otras cosas que por su envergadura superan con mucho lo que antecede. Cuando estudiamos las reacciones frente a los traumas precoces, muchas veces quedamos sorprendidos al comprobar que aquéllas no se ajustan a la propia vivencia del sujeto, sino que se apartan de ésta en una forma que concuerda mucho más con el modelo de un suceso filogenético, y que, en general, sólo es posible explicar por la influencia de éste. La conducta del niño neurótico frente a sus padres, en los complejos de Edipo y de castración, está colmada de tales reacciones, que parecen individualmente injustificadas y que sólo filogenéticamente se tornan comprensibles, es decir, por medio de su vinculación con vivencias de generaciones anteriores. Sin duda valdría la pena reunir y publicar el material en que aquí puedo fundarme; su valor probatorio me parece lo bastante sólido como para atreverme a dar un paso más, afirmando que la herencia arcaica del hombre no sólo comprende disposiciones sino también contenidos, huellas mnemónicas de las vivencias de generaciones anteriores. Con esto hemos ampliado significativamente la extensión y la importancia de la herencia arcaica.

Pensándolo bien, debemos admitir que hace tiempo desarrollamos nuestra argumentación como si no pudiera ponerse en duda la herencia de huellas mnemónicas de las vivencias ancestrales, independientemente de su comunicación directa y de la influencia que ejerce la educación por el ejemplo. Al referirnos a la subsistencia de una antigua tradición en un pueblo o a la formación de un carácter étnico, casi siempre aludimos a semejante tradición heredada, y no a una transmitida por comunicación. O, por lo menos, no establecimos diferencias entre ambas ni nos percatamos claramente de la osadía en que incurrimos con esta omisión. Pero nuestro planteamiento es dificultado por la posición actual de la ciencia biológica, que nada quiere saber de una herencia de cualidades adquiridas. No obstante, confesamos con toda modestia que, a pesar de tal objeción, nos resulta imposible prescindir de este factor de la evolución biológica. Es verdad que en ambos casos no se trata de una misma cosa: allí son cualidades adquiridas, difícilmente captables; aquí, huellas mnemónicas de impresiones exteriores, en cierta manera tangibles; pero en el fondo seguramente sucede que no podemos imaginarnos una de esas herencias sin la otra. Si aceptamos la conservación de tales huellas mnemónicas en nuestra herencia arcaica, habremos superado el abismo que separa la psicología individual de la colectiva, y podremos abordar a los pueblos igual que al individuo neurótico. Estamos de acuerdo en que para las huellas mnemónicas en la herencia arcaica no disponemos hasta ahora de una prueba más rotunda que aquellos remanentes de la labor analítica que exigen ser derivados de la filogenia, pero esta prueba parece lo bastante convincente como para postular tal estado de cosas. Si no fuese así, no lograríamos avanzar un solo paso más en el camino que hemos emprendido, tanto en el psicoanálisis como en la psicología de las masas. Incurrimos, pues, en una audacia inevitable.

Pero con todo esto aún hacemos algo más: estrechamos el abismo que la soberbia humana abrió en épocas remotas entre el hombre y el animal. Si los denominados instintos de los animales, que en nuevas condiciones de vida les permiten conducirse desde el principio como si ésta fuese conocida y familiar desde mucho tiempo atrás, si esta vida instintiva de los animales acepta, en principio, una explicación, entonces sólo puede ser la de que traen a su nueva existencia individual las experiencias de la especie; es decir, que conservan en sí los recuerdos de las vivencias de sus antepasados. En el animal humano sucedería fundamentalmente lo mismo. Su herencia arcaica, aunque de extensión y contenido diferentes, corresponde por completo a los instintos de los animales.

Después de estas consideraciones no tengo reparo alguno en expresar que los hombres siempre han sabido -de aquella manera especial- que tuvieron alguna vez un padre primitivo y que le dieron muerte.

Quedan aún dos preguntas por responder. Ante todo, ¿en qué condiciones se incorpora semejante recuerdo a la herencia arcaica?; además, ¿en qué circunstancias puede activarse, es decir, irrumpir de su estado inconsciente en el ello, a la conciencia, aunque en forma alterada y distorsionada? Es fácil formular la respuesta a la primera pregunta: Sucede eso cuando el hecho fue lo bastante importante, cuando se repitió un número suficiente de veces, o en ambas circunstancias. Para el caso del parricidio se cumplen las dos condiciones. En cuanto a la segunda pregunta, cabe observar lo siguiente: Puede intervenir toda una serie de influencias sin ser preciso que todas sean conocidas; además, podemos imaginarnos que la irrupción ocurra espontáneamente, en analogía a lo que sucede en muchas neurosis; pero seguramente tiene decisiva importancia la evocación de la huella mnemónica olvidada, por una repetición real y reciente del suceso. El asesinato de Moisés fue una de esas repeticiones; también lo fue, más tarde, el pretendido asesinato jurídico de Cristo, de manera que estos sucesos ocupan el primer plano como agentes causales. Ocurre como si la génesis del monoteísmo no hubiera sido posible sin tales acaecimientos. Se nos ocurre aquí el aforismo del poeta: «Lo que inmortal en el canto ha de vivir, en la vida primero debe sucumbir».

Para concluir, vaya aún cierta observación que involucra un argumento psicológico. Una tradición que únicamente se basara en la comunicación oral, nunca podría dar lugar al carácter obsesivo propio de los fenómenos religiosos. Sería escuchada, juzgada y eventualmente rechazada, como cualquiera otra noticia del exterior, pero jamás alcanzaría el privilegio de liberarse de las restricciones que comporta el pensamiento lógico. Es preciso que haya sufrido antes el destino de la represión, el estado de conservación en lo inconsciente, para que al retornar pueda producir tan potentes efectos, para que logre doblegar a las masas bajo su dominio, como lo comprobamos en la tradición religiosa, asombrados y sin lograr explicárnoslo por el momento. Por fin, esta reflexión pesa mucho en favor del crédito que nos merece nuestra exposición de los hechos, o por lo menos una muy similar.

Segunda Parte

Síntesis y Recapitulación

No sería lícito publicar la siguiente parte de este estudio sin prolijas explicaciones y excusas, pues no se trata más que de una fiel y muchas veces textual repetición de la primera parte, podada de algunas investigaciones críticas y aumentada con comentarios sobre el problema de cómo se originó el peculiar carácter del pueblo judío. Sé que tal forma de exposición es tan inadecuada como poco artística, y por mí parte no vacilo en condenarla sin reticencias. ¿Por qué entonces incurro en ella? No me es difícil hallar la respuesta correspondiente, pero tampoco me resulta fácil confesarla. Sucede, simplemente, que no fui capaz de borrar las huellas del origen un tanto insólito que tuvo este trabajo.

En realidad fue escrito dos veces. La primera, hace algunos años, en Viena, cuando ni siquiera pensaba en la posibilidad de publicarlo. Decidí no seguir adelante, pero la tarea inconclusa me tortura como un alma en pena, de modo que recurrí al expediente de dar autonomía a dos de sus partes, para publicarlas en nuestra revista Imago: la obertura psicoanalítica del conjunto (Moisés, egipcio) y la construcción histórica sobre ella edificada (Si Moisés era egipcio...). El resto, que contenía los elementos realmente ofensivos y peligrosos -la aplicación de mí teoría a la génesis del monoteísmo y mí interpretación de la religión en general-, me propuse dejarlo inédito; según creía, para siempre. Prodújose entonces, en marzo de 1938, la inesperada invasión alemana, obligándome a abandonar la patria, pero liberándome al mismo tiempo de la preocupación de que al publicar mi trabajo podría acarrear la prohibición del psicoanálisis en un país que aún lo toleraba. Apenas llegado a Inglaterra, me sedujo irresistiblemente la tentación de entregar al mundo mis callados conocimientos, y comencé a revisar la tercera parte del estudio para adaptarla a las dos primeras, ya publicadas. Naturalmente, ello trajo consigo cierta reordenación parcial del material, pero al efectuarla no conseguí colocar todos los temas en esta segunda elaboración. Por otra parte, tampoco pude decidirme a renunciar completamente a las versiones anteriores, de modo que recurrí al arbitrio de agregar toda una parte de la primera versión, sin modificaciones, a la segunda, con lo que incurrí en el defecto de una extensa repetición.

Podría consolarme, sin embargo, con la reflexión de que los asuntos aquí tratados son tan nuevos y significativos -excluido, desde luego, el grado de exactitud con que los presento-, que no sería una desgracia si el público hubiera de leer dos veces su idéntica exposición. Hay cosas que es preciso decir más de una vez y que no pueden ser dichas con excesiva frecuencia. Más al detenerse en un tema o al volver sobre el mismo debe intervenir la libre decisión del lector, y no es lícito obligarse subrepticiamente a ese repaso, presentándolo dos veces lo mismo en un mismo libro. Esto no deja de ser una torpeza a cuya censura no me es posible escapar. Más, desgraciadamente, la capacidad creadora de un autor no siempre corre pareja con su voluntad: la obra se concluye de la mejor manera posible, y a menudo se enfrenta con el autor como un lago independiente y aún extraño.

(a) El pueblo de Israel

SI reconocemos que un procedimiento como el nuestro -admitir lo que nos parece útil del material transmitido por la tradición, rechazando lo que no nos sirve, y luego combinar las distintas partes según su probabilidad psicológica-, que semejante técnica, pues, no ofrece seguridad alguna de conducirnos a la verdad, entonces nos preguntaremos con todo derecho por qué emprendimos, en principio, semejante tarea. Para responder, aduciremos el resultado alcanzado. Si se atenúa considerablemente la severidad de las exigencias impuestas a una investigación histórico-psicológica, quizá sea posible dilucidar problemas que siempre parecieron merecer nuestra atención y que, debido a recientes acontecimientos, han vuelto a cautivar la consideración del observador. Como sabemos, entre todos los pueblos que en la antigüedad habitaban la cuenca del Mediterráneo, el judío es casi el único que aún sobrevive, tanto nominalmente como también quizá sustancialmente. Con incomparable capacidad de resistencia ha desafiado las catástrofes y las persecuciones, desarrolló características peculiares y al mismo tiempo despertó la cordial antipatía de todos los restantes pueblos. Por cierto que quisiéramos comprender algo más del origen que tiene esta tenacidad de los judíos y de la relación que su carácter guarda con el destino que sufrieron.

Podemos tomar como punto de partida un rasgo característico de los judíos, que domina sus relaciones con los otros pueblos. No cabe duda que los judíos tienen una opinión particularmente exaltada de sí mismos, que se consideran más nobles, encumbrados y superiores a los demás, de quienes también se diferencian por muchas de sus costumbres. Con todo esto, los anima una particular confianza en la vida, como la confiere la posesión secreta de un bien precioso, una especie de optimismo que los piadosos llamarían confianza en Dios.

Bien conocemos las razones de esta actitud y sabemos cuál es su más arcano tesoro. Los judíos realmente se consideran el pueblo elegido de Dios, creen estar particularmente próximos a éste, y tal creencia les confiere su orgullo y su confiada seguridad. Según nociones fidedignas, ya se conducían así en las épocas helenísticas, de modo que ya entonces el carácter judío estaba perfectamente plasmado, y los griegos, entre los cuales y junto a quienes vivían, reaccionaron ante la peculiaridad judía de idéntica manera que sus «huéspedes» actuales. Podría pensarse que reaccionan tal como si realmente creyeran en el privilegio que el pueblo de Israel reclama para sí. Si uno es el predilecto declarado del temido padre, no ha de extrañarse porque atraiga sobre sí los celos fraternos, y las consecuencias que estos pueden tener las muestra exquisitamente la leyenda judía de José y sus hermanos. El curso que siguió la historia humana pareció justificar más tarde la pretensión judía, pues cuando Dios resolvió enviar a la humanidad un Mesías y Redentor, lo eligió una vez más de entre el pueblo de los judíos. Los demás pueblos bien podrían haberse dicho entonces que los judíos realmente tenían razón, que eran en efecto el pueblo elegido de Dios; pero, en cambio, sucedió que la redención por Jesucristo sólo les acarreó una exacerbación del odio contra los judíos, mientras que estos, a su vez, no obtuvieron beneficio alguno de esa segunda predilección, pues no reconocieron al Redentor.

Basándonos en nuestras anteriores consideraciones podemos afirmar ahora que fue el hombre Moisés quien impuso para todos los tiempos a los judíos este rasgo fundamental. Exaltó su autoestima, asegurándoles que eran los elegidos de Dios; les impuso la santificación y los comprometió a mantenerse apartados de los demás. No es que los demás pueblos hubieran carecido de autoestima, pues, igual que ahora, cada nación se consideraba también entonces mejor que todas las demás. Pero gracias a Moisés la autoestima de los judíos logró fundarse en la religión, convirtiéndose en una parte de su credo religioso. Merced a las relaciones particularmente íntimas con su Dios, los judíos se hicieron partícipes de su magnificencia. Como sabemos que tras el Dios que eligió a los judíos y los libertó de Egipto se levanta la persona de Moisés

-que realizó precisamente estas obras, aunque, según pretendía, en nombre de Dios-, nos atrevemos a decir: Fue este único hombre, Moisés, quien creó a los judíos. A él le debe ese pueblo su tenaz poder de supervivencia, pero también buena parte de la hostilidad que experimentó y que aún sufre.

(b) El gran hombre

¿Cómo es posible que un hombre ejerza, él solo, tan extraordinaria efectividad, que logre crear un pueblo con individuos y familias indiferentes, que pueda plasmar su carácter definitivo y determinar su destino por milenios futuros? ¿Acaso no constituye semejante hipótesis una retrogresión a aquella manera de pensar que engendró los mitos demiúrgicos y la adoración de los héroes, un retroceso a épocas cuya historiografía se agotaba en la crónica de las hazañas y los destinos individuales de ciertos personajes, monarcas o conquistadores? Por el contrario, la corriente moderna tiende a reducir los procesos de la historia humana a factores más recónditos, generales e impersonales, a la influencia forzosa de las circunstancias económicas, a las variantes de las condiciones de alimentación, a los progresos en el empleo de materiales y herramientas, a migraciones provocadas por el crecimiento demográfico y las modificaciones climáticas. En esta causación no se concede a los individuos aislados más papel que el de exponentes o representantes de tendencias colectivas, cuya manifestación es inevitable y que la alcanzan, como por casualidad, a través de aquellos personajes.

He aquí puntos de vista plenamente justificados, pero que nos inducen a señalar una significativa discrepancia entre la orientación de nuestro órgano pensante y la organización del mundo que ha de ser aprehendido por medio de nuestro pensamiento. Nuestra imperiosa necesidad de hallar nexos causales se conforma con que cada proceso tenga una causa demostrable; pero en la realidad exterior difícilmente sucede tal cosa, pues cada fenómeno parece estar más bien sobredeterminado, presentándose como efecto de múltiples causas convergentes. Intimidado ante la insuperable complejidad del suceder, nuestro conocimiento opta por un nexo determinado, en contra de otro; establece contradicciones inexistentes, sólo debidas a la arbitraria destrucción de relaciones más amplias. De modo que si la investigación de un caso particular nos demuestra la preponderante influencia de una sola personalidad, no es preciso que nuestra conciencia nos reproche el haber rechazado con esa conclusión la doctrina de la importancia que poseen aquellos factores generales e impersonales. En principio, tienen cabida ambas concepciones; pero no es menos cierto que en el caso particular de la génesis del monoteísmo no atinamos a señalar ningún otro factor externo fuera del ya mencionado: que dicha evolución está ligada al establecimiento de relaciones íntimas entre distintas naciones y a la construcción de un gran imperio.

Reservamos, pues, al «gran hombre» un lugar en la cadena, o más bien en la trama de las causaciones. Pero quizá no sea inútil preguntarnos bajo qué condiciones conferimos aquel título honorífico. Quedamos sorprendidos al comprobar que no es tan fácil responder a esta pregunta. Una primera formulación de la respuesta -el gran hombre es quien está especialmente dotado de las cualidades que más valoramos- es a todas luces y en todo sentido desacertada. La belleza física, por ejemplo, o la fuerza muscular, aunque son cualidades envidiables, no abonan pretensión alguna de «grandeza». Debe tratarse, pues, de cierta calidad espiritual, de dones psíquicos e intelectuales. Mas esta última mención nos recuerda que nunca calificaríamos de gran hombre a alguien que manifestase extraordinaria capacidad en determinado terreno, y seguramente no llamaríamos así a un maestro del ajedrez o a un virtuoso de la música, ni estaríamos tentados de hacerlo con un extraordinario artista o investigador. Más bien nos inclinamos a decir en tales casos que se trata de un gran poeta; pintor, matemático o físico, de un precursor en el terreno de tal o cual actividad pero vacilamos en conferirle el título de gran hombre. Sí, por ejemplo, no titubeamos en proclamar como grandes hombres a Goethe, Leonardo da Vinci y Beethoven, es porque nos anima algo más que la admiración por sus grandiosas creaciones. Si no diésemos precisamente con estos ejemplos, quizá llegaríamos a pensar que el calificativo «Un gran hombre» está reservado preferentemente para los hombres de acción, es decir, para los conquistadores, jefes militares y gobernantes, destinándoselo a reconocer la grandeza de sus hazañas, el poderío de la influencia que de ellos emana. Pero tampoco esta conclusión es satisfactoria y puede ser plenamente rebatida por nuestra condenación de tantos personajes indignos, a quienes, sin embargo, no es posible negar la repercusión que tuvieron sobre sus contemporáneos y descendientes. Tampoco recurriremos al éxito como atributo distintivo de la grandeza, pensando en la inmensa mayoría de grandes hombres que, en lugar de alcanzarlo, sucumbieron en la desgracia.

Así, por el momento nos inclinaremos a decidir que no merece la pena buscar una definición inequívoca del concepto «gran hombre». Este sólo sería un término aplicado sin precisión y concedido con cierto arbitrio, para denotar el desarrollo desmesurado de ciertas cualidades humanas es decir, su acepción se acercaría bastante al sentido primitivo y literal de la palabra «grandeza». Además reflexionaremos que no nos interesa tanto la naturaleza del gran hombre como la cuestión de los medios que le permiten influir sobre sus semejantes. Pero, en todo caso, procuraremos abreviar en lo posible esta investigación, pues amenaza apartarnos muy lejos de nuestro objetivo.

Aceptamos, pues, que el gran hombre influye de doble manera sobre sus semejantes: merced a su personalidad y por medio de la idea que sustenta. Esta idea bien puede acentuar un antiguo deseo de las masas, o señalarles una nueva orientación de sus deseos, o bien cautivarlas aún en otra forma. A veces -y éste seguramente es el caso más primitivo- actúa sólo la personalidad, y la idea desempeña un papel muy insignificante. En todo caso, la causa de que el gran hombre adquiera, en principio, su importancia, no nos ofrece la menor dificultad, pues sabemos que la inmensa mayoría de los seres necesitan imperiosamente tener una autoridad a la cual puedan admirar, bajo la que puedan someterse, por la que puedan ser dominados y, eventualmente, aun maltratados. La psicología del individuo nos ha enseñado de dónde procede esta necesidad de las masas. Se trata de la añoranza del padre, que cada uno de nosotros alimenta desde su niñez, del anhelo del mismo padre que el héroe de la leyenda se jacta de haber superado. Y ahora advertimos quizá que todos los rasgos con que dotamos al gran hombre no son sino rasgos paternos, que la esencia del gran hombre, infructuosamente buscada por nosotros, reside precisamente en esta similitud. La decisión de sus ideas, la fuerza de su voluntad, el poderío de sus acciones, forman parte de la imagen del padre, pero sobre todo le corresponden la autonomía e independencia del gran hombre, su olímpica impavidez, que puede exacerbarse hasta la falta de todo escrúpulo. Se debe admirarlo, se puede confiar en él, pero es imposible dejar de temerlo. Habríamos hecho bien dejándonos llevar por el significado cabal de las palabras, pues ¡quién sino el padre pudo haber sido en la infancia el «hombre grande»!

Sin duda fue un tremendo modelo de padre el que en la persona de Moisés condescendió a los pobres siervos judíos para asegurarles que serían sus queridos hijos. No menos tremenda impresión debe de haberles causado la idea de un Dios único, eterno y todopoderoso, que los consideraba dignos, en su miseria, de sellar con ellos un pacto, y que prometía ampararlos siempre que permanecieran fieles a su veneración. Probablemente a los judíos no les resultase fácil discernir la imagen del hombre Moisés frente a la de su dios, y con ello no estaban errados, pues Moisés bien puede haber incluido en el carácter de su dios rasgos de su propia persona, como la iracundia y la inexorabilidad. Y cuando más tarde llegaron a matar a éste su gran hombre, no hicieron sino repetir un crimen que en épocas arcaicas había sido cometido por ley contra el rey divino; un crimen que, como sabemos, se deriva de un modelo más antiguo aún.

Si, por un lado, la persona del gran hombre adquirió de esta manera dimensiones divinas, ha llegado, por el otro, el momento de recordar que también el padre fue una vez un hijo. Según lo que hemos expuesto, la gran idea religiosa sustentada por el hombre Moisés no era, en el fondo, la suya propia, sino que la había tomado de su rey Ikhnaton. Éste, cuya grandeza como fundador de una religión está inequívocamente confirmada, quizá siguiera a su vez estímulos que le llegaron de regiones asiáticas cercanas o remotas, por intermedio de su madre o por otros conductos.

No nos es posible perseguir más lejos tal concatenación; pero si estos primeros eslabones que hemos expuesto son correctos, entonces la idea monoteísta habría vuelto, cual si fuera un `boomerang', al país de su origen. Es infructuoso querer apreciar los méritos de un individuo en la elaboración de una nueva idea, pues sin duda fueron muchos los que contribuyeron a su desarrollo y le aportaron su contribución. Por lo demás, sería a todas luces injusto pretender interrumpir en Moisés la cadena de su causación, desdeñando los méritos de sus sucesores y continuadores, los profetas judíos. La simiente del monoteísmo no había echado raíces en Egipto y lo mismo pudo haber ocurrido en Israel, después que el pueblo se desembarazó de la religión incómoda y presuntuosa que le había sido impuesta. Pero en el seno del pueblo judío surgieron sin cesar nuevos hombres que remozaron la tradición moribunda, que renovaron los preceptos y las leyes de Moisés, sin reposar hasta que quedó restablecida la hegemonía de los perdidos bienes tradicionales. Mediante esfuerzos que no cejaron durante siglos enteros, y por fin mediante dos grandes reformas -una anterior y otra posterior al Exilio babilónico-, prodújose la transformación del dios popular Jahve en el Dios cuya adoración Moisés había impuesto a los judíos. Y es prueba de una particular aptitud psíquica de la masa que se convirtió en el pueblo judío el que lograra producir de su seno tantos seres dispuestos a asumir la carga de la religión mosaica, por la recompensa de poder considerarse el pueblo elegido y quizá aún por otros premios de análoga jerarquía.

(c) El progreso en la espiritualidad

Para despertar poderosas repercusiones psíquicas en un pueblo, evidentemente no basta asegurarle que es el elegido de Dios, sino que es menester demostrárselo además en alguna forma, a fin de que crea en ello y extraiga las consecuencias de esta fe. En la religión mosaica, el Éxodo de Egipto vino a servir de prueba semejante; Dios, o Moisés en su nombre, no se cansaron de invocar esta prueba de predilección. Se instituyó la fiesta de Passah (Pascuas) para mantener vivo el recuerdo de aquel suceso, o más bien se dotó de tal contenido a una festividad ya existente desde hacía tiempo. Con todo, no era sino un recuerdo; el Éxodo pertenecía a un pasado nebuloso, más en el presente los signos del favor divino eran exiguos, y el destino del pueblo atestiguaba más bien su caída en desgracia. Los pueblos primitivos solían derrocar o aún castigar a sus dioses cuando no cumplían sus deberes, concediéndoles triunfos, fortuna y bienestar. En todos los tiempos, los reyes no han escapado a la suerte de los dioses, manifestándose así su arcaica identidad y su descendencia de una raíz común. Así también los pueblos modernos suelen desterrar a sus reyes cuando el esplendor de su poderío es enturbiado por derrotas, con la correspondiente pérdida de territorios y fortunas. Sin embargo, la razón por la cual el pueblo de Israel permaneció siempre tanto más devotamente sumiso a su dios cuanto peor le trataba éste, constituye un problema que por ahora debemos dejar irresuelto.

Con todo, puede incitarnos a investigar si la religión de Moisés no habría ofrecido al pueblo algo más que un aumento de su autoestima por la conciencia de ser el elegido. Es fácil, por cierto, hallar ese otro factor. La religión también confirió a los judíos una representación divina mucho más grandiosa, o, escuetamente dicho, la representación de un dios más grandioso. Quien creyera en ese dios, participaría en cierto modo de su grandeza, podría sentirse magnificado. Quizá esto no sea muy evidente para un incrédulo, pero se podrá comprenderlo más fácilmente recordando la sensación de seguridad de que está imbuido un ciudadano británico en un país extraño agitado por revueltas, confianza que le falta por completo al natural de cualquier pequeña nación del continente. Ello se debe a que el inglés cuenta con que su Government despachará un buque de guerra si tan sólo le tocan un pelo -cosa que los revoltosos tendrán bien presente-, mientras que aquella nación pequeña ni siquiera posee buques de guerra. De modo que el orgullo por la grandeza del British Empire también arraiga en la conciencia de la mayor seguridad, de la protección que ofrece a cada uno de sus súbditos. Algo semejante puede suceder con la representación del dios grandioso, y ya que es difícil pretender ayudar a Dios en la administración de este mundo, el orgullo por su magnificencia se confunde con el de ser su predilecto.

Entre los preceptos de la religión mosaica se cuenta uno cuya importancia es mayor de lo que a primera vista se sospecharía. Me refiero a la prohibición de representar a Dios por una imagen; es decir, a la obligación de venerar a un Dios que no es posible ver. Sospechamos que en este punto Moisés superó la severidad de la religión de Aton; con ello quizá sólo quisiera ser consecuente, haciendo que su Dios no tuviera nombre ni imagen, pero también podía tratarse de una nueva precaución contra las intromisiones de la magia. En todo caso, esta prohibición tuvo que ejercer, al ser aceptada, un profundo efecto, pues significaba subordinar la percepción sensorial a una idea decididamente abstracta, un triunfo de la intelectualidad sobre la sensualidad y, estrictamente considerada, una renuncia a los instintos, con todas sus consecuencias psicológicamente ineludibles.

Para poder considerar fidedigno algo que a primera vista no parece convincente, es preciso traer a colación otros procesos de análogo carácter ocurridos en el desarrollo de la cultura humana. El más antiguo de ellos, quizá el más importante, se pierde en las tinieblas de la prehistoria, pero su realidad se nos impone por sus extraordinarias repercusiones. En efecto, tanto nuestros niños como los adultos neuróticos y los pueblos primitivos presentan el fenómeno psíquico que denominamos creencia en la «omnipotencia del pensamiento». A juicio nuestro, se trata de una supervaloración del influjo que nuestros actos psíquicos -en este caso los actos intelectuales- pueden ejercer sobre el mundo exterior, modificándolo. En el fondo, toda magia -precursora de nuestra técnica- reposa en esta precondición. También cabe incluir aquí toda magia de las palabras, así como la convicción del poderío implícito en el conocimiento o en la pronunciación de un nombre. Aceptamos que la «omnipotencia del pensamiento» expresó el orgullo de la humanidad por el desarrollo del lenguaje, facultad que tuvo por consecuencia tan extraordinario estímulo de las actividades intelectuales. Abriósele al hombre el nuevo reino de la intelectualidad, en el cual lograron preeminencia las ideas, los recuerdos y los procesos del raciocinio, en oposición a las actividades psíquicas inferiores cuyo contenido son las percepciones inmediatas de los órganos sensoriales. Esta fue, sin duda, una de las etapas más importantes en el camino hacia la humanización hombre.

Otro proceso de épocas posteriores se nos presenta en forma mucho más tangible. Bajo la influencia de condiciones exteriores que no necesitamos perseguir aquí -y que en parte tampoco son suficientemente conocidas- sucedió que el orden matriarcal de la sociedad fue sustituido por el patriarcal, con lo que naturalmente sobrevino la subversión de las condiciones jurídicas imperantes hasta entonces. Aún creemos percibir el eco de esta revolución en la Orestiada, de Esquilo. Pero esta reversión de la madre hacia el padre también implica un triunfo de la intelectualidad sobre la sensualidad, es decir, un progreso cultural, pues la maternidad es demostrada por el testimonio de los sentidos, mientras que la paternidad sólo es un supuesto construido sobre una premisa y una deducción. Al sobreponer así el proceso del pensamiento a la percepción sensorial, la humanidad dio un paso que había de estar preñado de consecuencias.

En algún momento situado entre los dos sucesos que acabamos de mencionar ocurrió un tercero, el más afín al que hemos investigado en la historia de la religión. El hombre se sintió urgido a reconocer, en principio, la existencia de poderes «espirituales», es decir, de fuerzas que no pueden ser captadas con los sentidos, especialmente con el de la vista, pero que, sin embargo, manifiestan efectos indudables y aún poderosísimos. Si podemos confiar en el testimonio del lenguaje, fue el aire en movimiento el que dio la pauta para la espiritualidad, pues el espíritu deriva su nombre del hálito aéreo (animus, spiritus; hebreo, ruaj=hálito). Con esto también se había descubierto el alma [o mente] como principio espiritual del individuo humano. La observación redescubrió el movimiento del aire en el aliento de la respiración, interrumpida con la muerte (aun hoy se dice que el individuo «exhala» su alma). De esta manera se le abrió al hombre el reino de los espíritus, no vacilando en adjudicar a toda la restante naturaleza la misma alma que había descubierto en sí. Todo el universo fue animado, y a la ciencia, que llegó mucho más tarde, le costó arduo trabajo volver a desanimar una parte del universo, al punto que aun hoy no ha dado término a esta tarea.

Gracias a la prohibición mosaica, Dios fue elevado a un nivel superior de espiritualidad, abriéndose el camino para nuevas modificaciones de la idea de Dios, que todavía ocuparán nuestra atención. Pero, por el momento, ha de embargarnos otra consecuencia de esa prohibición. Todos los progresos semejantes en la intelectualidad tienen por efecto exaltar la autoestima del hombre, lo tornan orgulloso, de manera que se siente superior a los demás, que aún se encuentran sujetos en los lazos de la sensualidad. Ya sabemos que Moisés había transmitido a los judíos la soberbia de ser un pueblo elegido; la desmaterialización de Dios agregó un nuevo y precioso elemento a este secreto tesoro. Los judíos conservan su inclinación a los intereses intelectuales, y los infortunios políticos que sufrió su nación les enseñaron a valorar debidamente el único bien que les quedó: su literatura, sus crónicas escritas. Inmediatamente después que Tito destruyó el templo de Jerusalén, el rabino Johanan ben Saccai solicitó el permiso de abrir en Jabneh la primera escuela para el estudio de la Torah. Desde entonces, el pueblo disgregado se mantuvo unido gracias a la Sagrada Escritura y a los esfuerzos espirituales que ésta suscitó.

Todo esto es generalmente conocido y aceptado; sólo quise agregar que esta evolución característica de la esencia judía fue iniciada por la prohibición mosaica de adorar a Dios en una imagen visible. Naturalmente, el privilegio que durante unos dos mil años gozaron los anhelos espirituales en la vida del pueblo judío no dejó de tener consecuencias: contribuyó a restringir la brutalidad y la propensión a la violencia que suelen aparecer cuando el despliegue de la fuerza muscular se convierte en ideal del pueblo. A los judíos les quedó negada la armonía entre el desarrollo de las actividades espirituales y el de las corporales que alcanzó el pueblo griego; pero, colocados ante la disyuntiva, optaron al menos por lo más valioso.

(d) La renuncia instintual

No es muy evidente ni fácil de comprender por qué un progreso en la espiritualidad, una subordinación de la sensualidad, habría de elevar la autoestima de una persona o de un pueblo.

Tal consecuencia parece fundarse en la preexistencia de determinado criterio estimativo y en la de otra persona o instancia que lo aplique. Para aclarar el problema recurriremos a un caso análogo de la psicología del individuo, que hemos llegado a comprender.

Si en un ser humano el ello sustenta una exigencia instintiva de naturaleza erótica o agresiva, lo más simple y natural es que el yo, que dispone de los aparatos del pensamiento y neuromuscular, la satisfaga mediante una acción. Esta satisfacción del instinto es percibida placenteramente por el ego tal como la insatisfacción instintual se habría convertido, sin duda, en fuente de displacer. Pero puede suceder el caso de que el yo se abstenga de la satisfacción instintiva en consideración a obstáculos exteriores cuando reconoce que la acción correspondiente desencadenaría un grave peligro para su integridad. De ningún modo es placentero este desistimiento de la satisfacción, esta renuncia instintual por obstáculos exteriores, o, como decimos nosotros, por obediencia al principio de la realidad. La renuncia instintiva tendría por consecuencia una permanente tensión displacentera si no se lograra reducir la propia fuerza de los instintos mediante desplazamientos de energía. Pero la renuncia al instinto también puede ser impuesta por otros motivos, que calificamos justificadamente de internos. Sucede que en el curso de la evolución individual, una parte de las potencias inhibidoras del mundo exterior es internalizada, formándose en el yo una instancia que se enfrenta con el resto y que adopta una actitud observadora, crítica y prohibitiva. A esta nueva instancia la llamamos superyo. Desde ese momento, antes de poner en práctica la satisfacción instintiva exigida por el ello, el yo no sólo debe tomar en consideración los peligros del mundo exterior, sino también el veto del superyo de manera que hallará aún más motivos para abstenerse de aquella satisfacción. Pero mientras la renuncia instintual por causas exteriores sólo es displacentera la renuncia por causas interiores, por obediencia al superyo, tiene un nuevo efecto económico. Además del inevitable displacer, proporciona al yo un beneficio placentero, una satisfacción sustitutivo por así decirlo. El yo se siente exaltado, está orgulloso de la renuncia instintual como de una hazaña valiosa. Creemos comprender el mecanismo de este beneficio placentero. El superyo es el sucesor y representante de los padres (y de los educadores), que dirigieron las actividades del individuo durante el primer período de su vida; continúa, casi sin modificarlas, las funciones de esos personajes. Mantiene al yo en continua supeditación y ejerce sobre él una presión constante.

Igual que en la infancia, el yo se cuida de conservar el amor de su amo, estima su aprobación como un alivio y halago, y sus reproches como remordimientos. Cuando el yo ofrece al superyo el sacrificio de una renuncia instintual, espera que éste lo ame más en recompensa; la conciencia de merecer ese amor la percibe como orgullo. También en la época en que aún no había sido internalizada la autoridad bajo la forma del superyo, la amenaza de perder el amor y la exigencia de los instintos pueden haber planteado idéntico conflicto, experimentando el niño un sentimiento de seguridad y satisfacción cuando lograba renunciar al instinto por amor a los padres. Pero sólo una vez que la autoridad misma se hubo convertido en parte integrante del yo, esta agradable sensación pudo adquirir el peculiar carácter narcisista del orgullo.

¿De qué nos sirve el haber explicado así la satisfacción producida por la renuncia instintual, si lo que queremos comprender es el proceso de la autoestima exaltada al progresar en la espiritualidad? Según parece, nos sirve muy poco pues las condiciones son harto distintas: en el segundo caso no se trata de una renuncia a los instintos ni existe una persona o instancia en aras de cuyo amor se hace un sacrificio. Mas esta última reserva no es muy sólida, pues podemos decir que el gran hombre sería, precisamente, la autoridad por amor a la cual se realiza esa hazaña, y ya que el propio efecto que ejerce este gran hombre reposa en su semejanza con el padre, no hemos de extrañarnos si en la psicología de las masas le corresponde desempeñar el papel del superyo. Esto también regiría, pues para el hombre Moisés en su relación con el pueblo judío. Pero en el otro punto -la renuncia a los instintos- no logramos establecer una analogía aceptable. El progreso en la espiritualidad consiste en preferir los procesos intelectuales llamados superiores, o sea, los recuerdos, reflexiones, juicios, a los datos de la percepción sensorial directa; consiste, por ejemplo, en decidir que la paternidad es más importante que la maternidad, pese a no ser demostrable, como ésta última, por el testimonio de los sentidos. De acuerdo con ello, el niño deberá llevar el nombre del padre y heredar sus bienes. También corresponde a ese progreso el que se llegue a decir: «Nuestro Dios es el más grande y poderoso, a pesar de ser invisible como el viento y el alma.» El rechazo de una exigencia instintiva sexual o agresiva parece ser algo muy distinto de todo esto. Además, en muchos progresos de la espiritualidad, como, por ejemplo, en el triunfo del patriarcado, no es posible hallar una autoridad que constituya el patrón de lo que ha de considerarse más elevado.

En este caso, el padre no puede haber desempeñado tal función, pues era quien debía ser elevado por ese progreso a la categoría de autoridad. Nos encontramos, pues, ante el fenómeno de que en la evolución humana la sensualidad es dominada gradualmente por la espiritualidad y que el hombre se siente orgulloso y superior en cada uno de estos progresos. Pero no atinamos a decir por qué ello habría de ser así y no de otro modo. Más tarde aun ocurre que la espiritualidad misma es dominada por el curiosísimo fenómeno emocional de la fe, llegándose de tal modo al famoso credo quia absurdum. ¡Y también quienes esto alcanzan lo consideran como supremo objetivo! Lo común a todas estas situaciones psicológicas quizá sea algo muy distinto. Quizá el hombre simplemente proclame como supremo lo que es más difícil de lograr, y su orgullo no sería entonces sino el narcisismo exaltado por la conciencia de haber superado una dificultad.

He aquí disquisiciones por cierto poco fructíferas y aptas para hacernos pensar que no guardan relación alguna con nuestra investigación de los factores que determinaron el carácter del pueblo judío. Esto no dejaría de ser una ventaja para nosotros; pero una circunstancia que nos ha de ocupar más adelante traduce cierto vínculo con nuestro problema. La religión que comenzó con la prohibición de formarse una imagen de Dios evoluciona cada vez más en el curso de los siglos, hasta convertirse en una religión de la renuncia instintual. No es que exija la abstinencia sexual; se conforma con una limitación sensible de la libertad sexual. Sin embargo, Dios es apartado completamente de la sexualidad y exaltado a un ideal de perfección ética; pero la ética equivale a la limitación instintual. Los profetas no se cansan de proclamar que Dios sólo exige de su pueblo una vida justa y virtuosa, es decir, la renuncia a todas las satisfacciones instintivas, que aun hoy son condenadas como pecaminosas por nuestra moral. Hasta el precepto de creer en Dios parece retroceder tras la severidad de estas exigencias éticas. Por consiguiente, la renuncia instintual desempeña sin duda un papel predominante en la religión, aunque la renuncia instintual no se manifieste en ella desde un principio.

Ha llegado el momento de formular una reserva destinada a salvar un error de interpretación. Aunque parezca que la renuncia instintual y la ética sobre ella basada no forman parte del contenido esencial de la religión, genéticamente, sin embargo, se hallan vinculados a ésta de la más íntima manera.

El totemismo, primera forma de religión que conocemos, contiene como piezas indispensables de su sistema una serie de preceptos y prohibiciones que, naturalmente, no son sino otras tantas renuncias instintuales: la adoración del totem, que incluye la prohibición de dañarlo o de matarlo; la exogamia, es decir, la renuncia a la madre y a las hermanas de la horda, apasionadamente deseadas; la igualdad de derechos establecida para todos los miembros de la horda fraterna, o sea, la restricción del impulso a resolver violentamente la mutua rivalidad. En estos preceptos hemos de ver los primeros orígenes de un orden ético y social. No dejamos de advertir que aquí se manifiestan dos distintas motivaciones. Las dos primeras prohibiciones se ajustan al espíritu del padre eliminado, perpetúan en cierto modo su voluntad; el tercer precepto, en cambio, el de iguales derechos para los hermanos aliados, prescinde de la voluntad paterna y sólo se justifica por la necesidad de mantener el nuevo orden establecido una vez eliminado el padre, pues sin aquél se habría hecho irremediable la recaída en el estado anterior. Aquí se apartan los preceptos sociales de los otros, directamente derivados de un sentido religioso, como bien puede afirmarse.

Los elementos esenciales de este proceso se repiten en la evolución abreviada del individuo humano. También aquí es la autoridad parental, especialmente la del todopoderoso padre con su amenazante poder punitivo, la que induce al niño a las renuncias instintuales, la que establece qué le está permitido y qué vedado. Lo que en el niño se llama «bueno» o «malo» se llamará más tarde, una vez que la sociedad y el superyo hayan ocupado el lugar de los padres, el bien o el mal, virtud o pecado; pero no por ello habrá dejado de ser lo que antes era: renuncia a los instintos bajo la presión de la autoridad que sustituye al padre y que lo continúa.

Nuestra comprensión se verá profundizada aún más si emprendemos el estudio del extraño concepto de la santidad. ¿Qué es, en suma, lo que nos parece «sagrado», en contraste con otras cosas que también valoramos muy alto, reconociendo su importancia y significación ? Por un lado, es innegable la vinculación de lo sacro con lo religioso, que es acentuada al punto de tornarla obvia: todo lo religioso es sagrado; aquello es, por así decirlo, el núcleo de la santidad. Por otro lado, nuestro juicio se confunde ante los numerosos intentos de adjudicar el carácter de santidad a tantas otras cosas, personas, instituciones y actos que poco tienen que ver con la religión. Pero estos esfuerzos sirven a tendencias bien visibles.

Partamos del carácter prohibitivo, tan firmemente ligado a lo sagrado. Lo sacro es, a todas luces, algo que no debe ser tocado. Las prohibiciones sagradas tienen un acento afectivo muy fuerte; pero en realidad carecen de fundamento racional, pues ¿por qué habría de ser, por ejemplo, un crimen tan particularmente grave el cometer incesto con la hija o la hermana, un acto tanto más condenable que cualquier otra relación sexual? Si preguntamos por la razón, seguramente se nos dirá que todos nuestros sentimientos se resisten contra eso; pero con ello sólo se expresa que se considera natural y evidente la prohibición, que no se atina a fundamentarla.

Es harto fácil demostrar la falacia de semejante explicación. Lo que ofende pretendidamente nuestros más puros sentimientos era una costumbre real, casi diríamos una práctica sagrada, entre las familias dominantes de los antiguos egipcios y de otros pueblos. Se sobreentendía que el faraón debía tomar a su hermana como primera y preferida mujer, y los sucesores de los faraones, los Ptolomeos griegos, no vacilaron en ajustarse a ese ejemplo. Hasta aquí se nos impone más bien la idea de que el incesto -realizado en ese caso entre hermano y hermana- era un privilegio vedado al común de los mortales y reservado a los monarcas, representantes de los dioses, como, por otra parte, tampoco al mundo de la mitología griega o germana le repugnaba en modo alguno aceptar tales relaciones incestuosas. Puede suponerse que el meticuloso aferramiento a la igualdad de alcurnia en las alianzas concertadas entre nuestra alta aristocracia es un residuo de ese antiguo privilegio, y podemos comprobar que debido a los matrimonios consanguíneos repetidos en tantas generaciones entre las más altas capas sociales, Europa es regida hoy por miembros de sólo dos familias.

Al señalar el incesto entre dioses, monarcas y héroes también contribuimos a rebatir otra argumentación tendiente a explicar biológicamente el horror ante el incesto, reduciéndolo a una nebulosa noción instintiva acerca del perjuicio de la consanguinidad. Pero ni siquiera se ha establecido que la consanguinidad involucre un peligro de daño genésico, y mucho menos aún que los primitivos lo hubiesen reconocido, defendiéndose contra él. La incertidumbre, al establecer los grados de parentesco permitidos y prohibidos, tampoco habla en favor de un pretendido «sentimiento natural» como base del horror al incesto.

Nuestra reconstrucción de la prehistoria nos impone, en cambio, otra explicación. El precepto de la exogamia, cuya expresión negativa es el horror al incesto, respondía a la voluntad del padre y la perpetuaba una vez eliminado éste. De ahí la potencia de su acento afectivo y la imposibilidad de fundamentarlo racionalmente, es decir, su carácter sagrado. Confiamos en que la investigación de todos los casos restantes de prohibición sagrada nos habrán de llevar al mismo resultado que alcanzamos en el caso del horror al incesto: que lo sagrado no es, originalmente, sino la perpetuada voluntad del protopadre. Con ello quedaría aclarada también la hasta ahora inexplicable ambivalencia de los términos que expresan la noción de lo sacro. Trátase de la misma ambivalencia que domina, en general, la relación con el padre. Sacer no sólo significa «sagrado», «santificado», sino también algo que sólo atinamos a traducir por «abyecto», «execrable» (auri sacra fames). Más la voluntad paterna no sólo era algo que no se debía tocar, algo acreedor a todos los honores, sino también algo que sobrecogía de horror, pues exigía una dolorosa renuncia instintual. Si recordamos una vez más que Moisés «santificó» a su pueblo imponiéndole la costumbre de la circuncisión, comprenderemos ahora el sentido profundo de aquella palabra, pues la circuncisión es el sustituto simbólico de la castración que el protopadre, en el apogeo de su poder, había impuesto otrora a los hijos, y quien aceptara este símbolo mostraba con ello estar dispuesto a doblegarse ante la voluntad del padre, aunque éste le exigiera el más doloroso de los sacrificios.

Volviendo al terreno de la ética, podemos decir, en conclusión, lo siguiente: parte de sus preceptos se justifican racionalmente por la necesidad de limitar los derechos de la comunidad frente a los del individuo, los del individuo frente a los de la comunidad y los de los individuos entre sí. Pero cuanto nos parece grandioso, enigmático y místicamente obvio en la ética debe tal carácter a su vínculo con la religión, a su origen de la voluntad del padre.

(e) La verdad de la religión

¡Cuán envidiable nos parece a nosotros, pobres de fe, el investigador convencido de que existe un Ser Supremo! Para este magno espíritu el mundo no ofrece problemas, pues él mismo es quien ha creado todo lo que contiene. ¡Cuán amplias, agotadoras y definitivas son las doctrinas de los creyentes, comparadas con las penosas, mezquinas y fragmentarias tentativas de explicación que constituyen nuestro máximo rendimiento! El espíritu divino, que por sí mismo es el ideal de perfección ética, inculcó a los hombres el conocimiento de este ideal y al mismo tiempo el anhelo de identificarse con él. Los hombres perciben en forma inmediata qué es más noble y elevado, qué es más bajo y deleznable. Sus sentimientos se ajustan a la respectiva distancia que los separa de su ideal. Experimentan gran satisfacción cuando se le aproximan, cual si se encontrasen en perihelio, y sufren doloroso displacer cuando, en afelio, se han alejado de él. Todo esto sería así de simple e inconmovible; pero no podemos menos de lamentar si ciertas experiencias de la vida y observaciones del mundo nos impiden aceptar la existencia de semejante Ser Supremo. Cual si el mundo no ofreciera ya bastantes enigmas, se nos impone así la nueva tarea de comprender cómo pudieron adquirir esos hombres la creencia en el Ser Divino y de dónde ha tomado esa fe su enorme poderío, que triunfa sobre «la Razón y la Ciencia»

Volvamos al problema más modesto que nos viene ocupando. Tratábamos de explicar de dónde procede el enigmático carácter del pueblo judío, que quizá también haya permitido su subsistencia hasta nuestros días. Comprobamos que el hombre Moisés plasmó ese carácter al dar a los judíos una religión que exaltó su autoestima en grado tal que los hizo creerse superiores a todos los restantes pueblos. Luego subsistieron manteniéndose apartados de los demás, y poco importaron en ello los mestizajes, pues lo que perpetuaba su cohesión era un factor ideal: el poseer en común ciertos valores intelectuales y emocionales. La religión mosaica tuvo tales efectos porque: 1) permitió al pueblo participar de la grandeza que ostentaba su nueva representación de Dios; 2) afirmó que este pueblo sería el elegido de ese Dios excelso, quien lo habría destinado a recibir las pruebas de su particular favor; 3) impuso al pueblo un progreso en la espiritualidad que, harto importante de por sí, le abrió además el camino hacia la valoración del trabajo intelectual y a nuevas renuncias instintuales.

He aquí el resultado alcanzado, que -no podemos dejar de admitirlo- nos decepciona en cierto modo, aunque no quisiéramos retirar ninguno de sus puntos. Pero las motivaciones no corresponden, por así decirlo, a las consecuencias; el hecho que intentamos explicar parece ser de magnitud distinta a cuanto adujimos para explicarlo. ¿Acaso sería posible que nuestras investigaciones precedentes no hubiesen revelado toda la motivación, sino tan sólo una capa en cierta manera superficial, y que tras ésta aún se oculte otro factor muy importante? Teniendo en cuenta la extraordinaria complicación de todas las motivaciones que presentan la vida y la Historia, bien podemos aceptarlo así.

En determinado punto de las disquisiciones anteriores se nos abre el acceso a estos motivos recónditos. La religión de Moisés no ejerció su efecto en forma inmediata, sino de una manera extrañamente indirecta. Con ello no queremos decir que no haya actuado inmediatamente, que necesitase largas épocas, siglos aún, para desplegar toda su repercusión, pues esto se sobreentiende, ya que se trata de plasmar un carácter étnico. Nuestra salvedad se refiere, por el contrario, a un hecho que hemos tomado de la historia de la religión judía o, si se quiere, que hemos incluido en ella. Dijimos que el pueblo judío rechazó luego de cierto tiempo la religión mosaica, sin que logremos establecer si la repulsa fue completa o si se conservaron algunos de sus preceptos. Al aceptar que durante el largo período de la conquista de Canaán y de la lucha con los pueblos que allí habitaban, la religión de Jahve no discrepaba esencialmente de la adoración de los otros Baalim, nos encontramos en pleno terreno histórico, pese a todos los esfuerzos tendenciosos ulteriores para ocultar esta vergonzosa circunstancia. Pero la religión de Moisés no pereció sin dejar rastros, sino que se conservó de ella una especie de recuerdo, oscuro y deformado, quizá apoyado, entre algunos miembros de la casta sacerdotal, por antiguas crónicas escritas. Y fue esta tradición de un pasado grandioso la que siguió actuando desde el fondo, la que adquirió cada vez mayor dominio sobre los espíritus y la que por fin logró convertir al dios Jahve en el Dios de Moisés, despertando a nueva vida la religión mosaica, instituida largos siglos atrás y luego abandonada.

En un capítulo anterior de este trabajo hemos considerado la hipótesis que sería preciso aceptar para que se nos tornase comprensible semejante efecto de la tradición.

(f) El retorno de lo reprimido

Ahora bien: entre los fenómenos de la vida psíquica que nos ha revelado la investigación analítica hay muchos semejantes al que acabamos de exponer. Parte de ellos son calificados de patológicos, y otros corresponden a los múltiples matices de la normalidad. Pero esta diferenciación no tiene primordial importancia, pues los límites entre ambos territorios no han sido trazados con nitidez, los mecanismos son ampliamente idénticos en ambos y, por otra parte, es mucho más importante establecer si los trastornos correspondientes se llevan a cabo en el propio yo o si se enfrentan a éste cual si fueran extraños, caso en el que se los denomina síntomas. Del cuantioso material destaco, ante todo, los ejemplos que se refieren al desarrollo del carácter.

Una joven adolescente se ha colocado en la más decidida contradicción con su madre, expresando todas las cualidades que a ésta le faltan y evitando cuanto podría recordarle a la madre. Podemos agregar que en años muy tempranos estableció, como toda niña, una identificación con la madre, y que ahora se rebela enérgicamente contra ésta. Pero cuando esta niña llega a casarse y se convierte, a su vez, en esposa y madre, no nos asombraremos al comprobar que comienza a parecerse cada vez más a su mal querida progenitora, hasta que por fin se restablece inconfundiblemente la superada identificación materna. Lo mismo sucede también en los varones, y aun el gran Goethe, que en su época genial seguramente menospreció al rígido y pedantesco padre, desarrolló en su vejez rasgos correspondientes al carácter de éste. Tal evolución puede ser aún más notable cuando la contradicción entre ambas personas ha sido muy aguda. Un joven que haya sufrido el destino de criarse junto a un padre indigno podrá convertirse al principio, por oposición, en un hombre activo, formal y honorable. Más en la cumbre de la vida su carácter cambiará de pronto, y desde entonces se conducirá como si hubiera tomado por modelo a ese mismo padre. Para no perder el conexo con nuestro tema debemos tener presente que al comienzo de semejante desarrollo siempre se encuentra una precoz identificación infantil con el padre, que más tarde será rechazada, aun sobrecompensada, para imponerse de nuevo en definitiva.

Desde hace tiempo ha pasado al conocimiento general el hecho de que las vivencias de los primeros cinco años de la infancia ejercen una influencia determinante sobre la vida, a la que nada de lo que sucede ulteriormente puede oponerse. Muchas cosas interesantes se podrían decir sobre la forma en que estas impresiones tempranas se imponen frente a todas las influencias de los períodos más maduros de la vida; pero tales consideraciones no tendrían injerencia en nuestro tema. En cambio, quizá sea algo menos conocida la circunstancia de que la influencia más poderosa, de tipo compulsivo, procede de aquellas impresiones que afectan al niño en una época en que aún no podemos aceptar que su aparato psíquico tenga plena capacidad receptiva. Este hecho no admite la menor duda, pero es tan extraño que habremos de facilitarnos su comprensión comparándolo con una placa fotográfica, que puede ser revelada y convertida en imagen al cabo de un intervalo arbitrario. Con todo, advertimos complacidos que un poeta dotado de una gran fantasía ya anticipó, con la osadía permitida a los literatos, este descubrimiento nuestro, que nos ocasiona tal incomodidad. E. T. A. Hoffmann solía atribuir la riqueza de imágenes que se le ofrecían en sus creaciones a la rápida sucesión de figuras e impresiones percibidas durante un viaje de varias semanas en diligencia que realizára cuando aún era lactante. No es preciso, salvo en sueños, que los niños recuerden jamás cuanto vivenciaron, sin comprenderlo, a la edad de dos años. Sólo pueden llegar a conocerlo mediante un tratamiento psicoanalítico; pero, en todo caso, esos recuerdos invaden alguna vez su vida en una época posterior bajo la forma de impulsos obsesivos que dirigen sus actos, que les imponen simpatías y antipatías, que deciden muchas veces su elección amorosa, tan frecuentemente inexplicable por el raciocinio. No podemos dejar de reconocer los dos puntos en que estos hechos tocan nuestro problema. Primero, en lo remoto del tiempo, que aquí reconocemos como factor realmente decisivo; segundo, en el particular carácter del recuerdo de esas vivencias infantiles, que cabe calificar de «inconsciente». Suponemos que éste último es análogo al estado que desearíamos atribuir a la tradición conservada en la vida psíquica de un pueblo, aunque, desde luego, no fue fácil introducir la noción de lo inconsciente en la psicología de las masas.

Los mecanismos que llevan a la formación de las neurosis ofrecen constantes analogías para los fenómenos que investigamos. También aquí las vivencias decisivas corresponden a épocas tempranas de la infancia; pero en este caso el acento no cae en el tiempo, sino en el proceso que se opone a la vivencia, es decir, en la reacción contra la misma. En términos esquemáticos es dable afirmar lo siguiente: por efecto de cierta vivencia surge una exigencia instintiva que busca satisfacción; el yo niega esta satisfacción, ya sea porque es paralizado por la magnitud de la exigencia o porque reconoce en ella un peligro. La primera de estas condiciones es la más primitiva; pero ambas tienden por igual a evitar una situación peligrosa. El yo se defiende contra el peligro mediante el proceso de la represión. El impulso instintivo es inhibido de alguna manera y su motivación es olvidada, junto con las percepciones y representaciones que le corresponden.

Pero con ello no ha concluido el proceso, pues el instinto ha conservado su potencia, o bien la vuelve a concentrar, o bien vuelve a animarse bajo una nueva motivación. En tal caso renueva su pretensión y, quedándosele bloqueado el camino hacia la satisfacción normal por lo que podríamos llamar la «cicatriz de la represión», se abre una nueva vía en otro punto más débil, alcanzando una denominada satisfacción Sustitutiva, que a su vez se manifiesta, como síntoma, sin contar con el beneplácito, pero tampoco con la comprensión del yo. Todos los fenómenos de la formación de síntomas pueden ser descritos muy justificadamente como «retornos de lo reprimido». Pero su carácter distintivo reside en la profunda deformación que sufre lo retornado en comparación con su contenido original. Quizá se opine que con este último grupo de hechos nos hemos alejado demasiado de la analogía con la tradición; pero no nos arrepentiremos de que tal digresión nos haya acercado a los problemas de la renuncia instintual.

(g) La verdad histórica

Hemos emprendido todas estas excursiones psicológicas, a fin de comprender mejor el hecho de que la religión de Moisés sólo llegara a ejercer su influencia sobre el pueblo judío una vez que se hubo convertido en una tradición. Con todo quizá no hayamos alcanzado así más que una mera probabilidad. Aceptemos, no obstante, que hubiésemos establecido una demostración rotunda, aun así, subsistiría la impresión de que sólo cumplimos el aspecto cualitativo, pero no el cuantitativo del problema. Todo lo que está relacionado con el origen de una religión -y seguramente también con el de la judía- posee algo grandioso que no ha sido captado por nuestras precedentes explicaciones. Tendría que intervenir aún otro factor que tuviese pocas analogías y ningún símil; algo único y de la misma magnitud que su producto, que la propia religión.

Tratemos de abordar el asunto desde el lado opuesto. Comprendemos que el hombre primitivo necesite un dios como creador del universo, como cabeza de la tribu y como tutelar personal. Este dios es situado allende los padres muertos, de quienes la tradición todavía tiene algo que decir. El hombre de épocas más recientes, el de nuestros días, se conduce de idéntica manera. También él aún como adulto, sigue siendo infantil y necesitado de protección; considera imposible prescindir del apoyo prestado por su dios.

Todo esto es incontestable pero no es tan fácil comprender por qué sólo ha de existir un dios único, por qué el progreso del henoteísmo al monoteísmo tiene precisamente tan inmensa importancia. Como ya hemos explicado, el creyente participa sin duda en la grandeza de su dios, y cuanto más grandioso sea éste, tanto más segura será la protección que pueda dispensarle. Pero el poderío de un dios no presupone necesariamente su singularidad. Muchos pueblos sólo lograron magnificar a su dios supremo, haciéndole dominar a otras divinidades subordinadas, y no consideraban que su grandeza fuese menoscabada por el hecho de que existieran otros dioses junto a él. Además, al universalizarse el Dios único y al preocuparse éste de todos los pueblos, de todos los países, se debía sacrificar necesariamente una parte de la íntima relación mantenida con él. En cierto modo tornábase necesario compartir su Dios con los extranjeros, compensándose por ello con la reserva de creerse el hijo predilecto. Aun podríase aducir que la concepción del Dios único implica, en sí misma, un progreso hacia la espiritualidad; pero no es posible estimar tan alto la importancia de este factor.

Los creyentes piadosos conocen, sin embargo, una manera de colmar esta evidente laguna de nuestra motivación. En efecto, nos dicen que la idea de un Dios único habría ejercido tan abrumador efecto sobre la Humanidad simplemente porque sería una parte de la verdad eterna, de una verdad que, oculta durante largo tiempo, manifestose por fin y necesariamente hubo de asumir entonces una influencia arrolladora. Debemos admitir que por fin se nos presenta un elemento de magnitud adecuada a la del tema tratado, tanto como a la del efecto ejercido.

También nosotros quisiéramos adoptar esta solución, más tropezamos con una reserva. El argumento religioso se funda en una premisa optimista e idealista. En general, el intelecto humano no ha demostrado tener una intuición muy fina para la verdad, ni la mente humana ha mostrado una particular tendencia a aceptarla. Más bien, por el contrario, hemos comprobado siempre que nuestro intelecto yerra muy fácilmente, sin que lo sospechemos siquiera, y que nada es creído con tal facilidad como lo que, sin consideración alguna por la verdad, viene al encuentro de nuestras ilusiones y de nuestros deseos. He aquí por qué debemos restringir nuestra admisión del argumento religioso. También nosotros creemos que éste contiene la verdad, pero no la verdad material, sino la histórica.

Además, nos reservamos el derecho a corregir cierta distorsión que esta verdad sufrió en el curso de su retorno. En efecto, no creemos que «exista» hoy un Dios único y grande, sino que en tiempos protohistóricos existió un único personaje que a la sazón debió parecer supremo y que, exaltado a la categoría divina, retornó luego en la memoria de los seres humanos.

Hemos aceptado que la religión de Moisés fue primero rechazada y parcialmente olvidada, pero que más tarde irrumpió nuevamente en el pueblo bajo la forma de una tradición. Ahora suponemos que este proceso habría sido ya entonces la repetición de uno anterior. Cuando Moisés impartió a su pueblo la idea de un Dios único, no le traía nada nuevo, sino algo que significaba la reanimación de una vivencia perteneciente a los tiempos primordiales de la familia humana, una vivencia que largo tiempo atrás habíase extinguido en el recuerdo consciente de los hombres. Pero esa vivencia había sido tan importante, había producido -o, al menos, preparado- transformaciones tan decisivas en la vida humana, que es forzoso creer que haya dejado en el alma del hombre alguna traza permanente, algo comparable a una tradición.

Los psicoanálisis individuales nos han enseñado que las primeras impresiones recibidas por el niño a una edad en que apenas tiene la capacidad del habla se manifiestan alguna vez a través de efectos de carácter obsesivo, sin que ellas mismas lleguen a ser conscientemente recordadas. Creemos que idénticas condiciones deben regir para las primeras experiencias de la Humanidad. Uno de aquellos efectos sería la emergencia de la noción de un gran Dios único, que cabe aceptar como un recuerdo; un recuerdo deformado, pero un recuerdo al fin. Dicha noción tiene carácter compulsivo, simplemente debe ser creída. En la medida en que alcanza su deformación, cabe designarla como delirio en la medida en que alberga el retorno de lo reprimido, débese considerarla como verdad. También el delirio psiquiátrico aloja una partícula de verdad, y la convicción del enfermo se expande desde esta verdad hacia toda la envoltura delirante.

Cuanto expongo en las páginas siguientes, hasta finalizar este estudio, es una repetición escasamente alterada de la primera parte.

En 1912, en mi obra Totem y tabú traté de reconstruir la situación arcaica de la cual emanaron tales efectos.

Recurrí con ese fin a ciertas reflexiones teóricas de Charles Darwin, de Atkinson y especialmente de W. Robertson Smith combinándolas con hallazgos y sugerencias de la práctica psicoanalítica. De Darwin tomé la hipótesis de que el hombre vivió originalmente en pequeñas hordas, cada una dominada brutalmente por un macho de cierta edad, que se apropiaba todas las hembras y castigaba o mataba a todos los machos jóvenes incluso a sus propios hijos. De Atkinson procede la segunda parte de esta descripción: dicho sistema patriarcal tocó a su fin en una rebelión de los hijos, que se aliaron contra el padre, lo dominaron y devoraron su cuerpo en común. Siguiendo la teoría totémica de Robertson Smith, admití que la horda paterna cedió luego el lugar al clan fraterno totemístico. Para poder vivir unidos en paz, los hermanos victoriosos renunciaron a las mujeres, a las mismas por las cuales habían muerto al padre, y aceptaron someterse a la exogamia. El poder del padre estaba destruido; la familia se organizó de acuerdo con el sistema matriarcal. La actitud afectiva ambivalente de los hijos hacia al padre se mantuvo en vigencia durante toda la evolución ulterior. En lugar del padre se erigió a determinado animal como totem, aceptándolo como antecesor colectivo y como genio tutelar; nadie podía dañarlo o matarlo; pero una vez en el año toda la comunidad masculina se reunía en un banquete, en el que el totem, hasta entonces reverenciado, era despedazado y comido en común. A nadie se le permitía abstenerse de este banquete, que representaba la repetición solemne del parricidio, origen del orden social, de la leyes morales y de la religión. Muchos autores antes que yo advirtieron la notable correspondencia entre el banquete totémico de Robertson Smith y la comunión cristiana.

Aún hoy sigo manteniendo esta construcción teórica. Repetidamente se me han hecho violentos reproches por no haber modificado mis opiniones en ediciones ulteriores de la citada obra, ya que los etnólogos más recientes han descartado sin excepción las concepciones de Robertson Smith, reemplazándolas por otras teorías totalmente distintas. Puedo replicar que conozco a la perfección estos presuntos adelantos; pero no estoy convencido de su exactitud ni de los errores de Robertson Smith. Una contradicción no siempre significa una refutación; una nueva teoría no denota necesariamente un progreso. Pero, ante todo, yo no soy etnólogo, sino psicoanalista. Tengo el derecho de tomar de la literatura etnológica cuanto pueda aplicar a la labor analítica.

Los trabajos del genial Robertson Smith me han provisto de valiosos puntos de contacto con el material psicológico del análisis y sugerencias para su aplicación. No podría decir lo mismo de los estudios de sus opositores.

(h) El desarrollo histórico

No me es posible reproducir aquí detalladamente el contenido de Totem y tabú, pero debo tratar de cerrar el largo hiato entre aquellos sucesos protohistóricos que hemos supuesto y el triunfo del monoteísmo en épocas históricas. Una vez establecida la combinación de horda fraterna, matriarcado, exogamia y totemismo, comenzó un desarrollo que podemos describir como un lento «retorno de lo reprimido». El término «lo reprimido» es aplicado aquí en una significación impropia, no en su sentido técnico. Trátase de algo pasado, desaparecido, superado en la vida de un pueblo, algo que me aventuro a equiparar a lo reprimido en la vida psíquica individual. Por ahora no podríamos decir en qué forma psicológica subsiste eso, lo pasado, durante el lapso de su latencia. No es fácil trasladar los conceptos de la psicología individual a la psicología de las masas, y por mi parte no creo que se adelantaría mucho adoptando el concepto de un inconsciente «colectivo». De por sí, el contenido del inconsciente es ya colectivo, es patrimonio universal de la Humanidad. Así, por el momento, habremos de conformarnos con aplicar analogías. Los procesos que aquí estudiamos en la vida de un pueblo son muy similares a los que hemos llegado a conocer en la psicopatología, pero no son exactamente los mismos. Nos vemos obligados a concluir que los sedimentos psíquicos de aquellos tiempos primordiales se convirtieron en una herencia que en cada nueva generación sólo precisa ser reanimada, pero no adquirida. Adoptamos tal conclusión teniendo presente el ejemplo del simbolismo, sin duda alguna innato, que data de la época en que se desarrolló el lenguaje, que es familiar a todos los niños sin necesidad de haber sido instruidos al efecto, y que es uno y el mismo en todos los pueblos, a pesar de todas las diferencias idiomáticas. Lo que aún pueda faltarnos para estar seguros de nuestra conclusión nos lo ofrecen otros resultados de la investigación psicoanalítica, al demostrarnos que en una serie de significativas relaciones los niños no reaccionan de acuerdo con sus propias vivencias, sino de manera instintiva, a semejanza de los animales, de un modo sólo explicable por la herencia filogenética.

El retorno de lo reprimido se lleva a cabo lentamente; por cierto que no ocurre espontáneamente, sino bajo la influencia de todos los cambios de las condiciones de vida que tanto abundan en la historia de la cultura. En este trabajo no podemos examinar las circunstancias de que depende ni ofrecer algo más que una enumeración fragmentaria de las etapas de este retorno. El padre vuelve a ser la cabeza de la familia, pero ya no tiene la omnipotencia del protopadre en la horda primitiva. El animal totémico cede su plaza al dios, a través de transiciones que aún son claramente reconocibles. Primero, el dios antropomorfo sigue portando cabeza de animal; luego tiene una preferencia por metamorfosearse en este determinado animal, más tarde aún, dicho animal se torna sagrado y se convierte en su compañero favorito, o bien se acepta que el dios ha matado a ese animal y lleva un sobrenombre correspondiente. Entre el animal totémico y el dios aparece el héroe, a menudo como etapa previa de la deificación. La noción de una divinidad suprema parece haber surgido muy tempranamente, al principio en forma sólo nebulosa y sin conexión alguna con los intereses cotidianos del hombre. Al fundirse las tribus y los pueblos para formar unidades más vastas, también los dioses se organizan en familias, en jerarquías. A menudo uno de ellos es erigido en dueño y señor de dioses y de hombres. No es sino a tientas y paulatinamente como se da entonces el paso siguiente hacia la adoración de un solo Dios, y por fin prodúcese la decisión de conceder todo el poder al Dios único y de no tolerar otros dioses junto a él. Sólo entonces quedó restablecida toda la grandeza del protopadre de la horda primitiva: los afectos a él dirigidos podían entonces repetirse.

El primer efecto del reencuentro con aquel ser perdido y anhelado durante tan largo tiempo fue tremendo, correspondiendo exactamente a la descripción que de él nos ha dejado la tradición de la entrega de la Ley en el monte Sinaí. Admiración, sobrecogimiento y gratitud por haber caído en gracia ante sus ojos: la religión de Moisés conoce únicamente tales sentimientos positivos frente al Dios Padre. La convicción de que su poder es irresistible, la sumisión bajo su voluntad, no pueden haber sido más incondicionales en el inerme e intimidado hijo del protopadre de la horda, al punto de que sólo trasladándonos al medio primitivo e infantil atinamos a comprenderlas plenamente. Los sentimientos infantiles poseen una intensidad y una profundidad inmensamente mayores que los del adulto, y sólo el éxtasis religioso puede ser tan exhaustivo. Así, un rapto de devoción a Dios es la primera reacción ante el regreso del gran Padre.

Con ello queda fijada para lo sucesivo la dirección que seguirá esta religión patrística, pero su desarrollo no quedó con ello agotado. La esencia misma de la relación paterno-filial incluye la ambivalencia; por tanto, en el curso de los tiempos tuvo que reanimarse por fuerza aquella hostilidad que otrora había impulsado a los hijos al asesinato del admirado y temido padre. En el marco de la propia religión de Moisés no podía tener cabida la expresión directa del odio parricida: sólo podía manifestarse una poderosa reacción contra el mismo, una conciencia de culpabilidad por esta hostilidad, los remordimientos de conciencia por haber pecado contra Dios y por seguir pecando. Este sentimiento de culpabilidad, que los profetas avivaron incansablemente y que no tardó en convertirse en parte integrante del sistema religioso, reconocía otra motivación más superficial que velaba hábilmente su verdadero origen. El pueblo halló su camino sembrado de duros azares; las esperanzas puestas en el favor de Dios tardaban en realizarse; no era fácil en estas condiciones seguir aferrándose a la ilusión de ser el pueblo elegido de Dios. Si no querían renunciar a tal felicidad, entonces la conciencia de culpa por la propia pecaminosidad ofrecía una oportuna excusa para explicar la dureza de Dios. No merecían nada mejor que ser castigados por El, porque no observaban sus mandamientos; la necesidad de satisfacer este sentimiento de culpabilidad -un sentimiento insaciable, alimentado por fuentes mucho más profundas- obligaba a hacer esos mandamientos cada vez más estrictos, más rigurosos y también más mezquinos. En un nuevo rapto de ascetismo moral, los judíos se impusieron renuncias instintuales constantemente renovadas, alcanzando así, por lo menos en sus doctrinas y en sus preceptos, alturas éticas que habían quedado vedadas a todos los demás pueblos de la antigüedad. Muchos Judíos vieron en estas altas aspiraciones la segunda característica fundamental y la segunda gran obra de su religión. Nuestra investigación está destinada a demostrar cómo ellas se hallan vinculadas con la primera, con la concepción de un Dios único. Pero dicha ética no logra ocultar su origen de un sentimiento de culpabilidad por la hostilidad contenida contra Dios. Lleva estampado el sello de lo inconcluso y de lo que no puede ser concluido, que caracteriza las formaciones reactivas de la neurosis obsesiva; adviértese también que sirve a los fines ocultos de la necesidad de castigo.

La evolución ulterior trasciende del judaísmo. Todo lo demás que resurgió de la tragedia del protopadre ya no se conciliaba en modo alguno con la religión de Moisés.

Mucho hacía que la conciencia de culpabilidad de aquellos tiempos había dejado de limitarse al pueblo judío: habíase apoderado de todos los pueblos del Mediterráneo como un sordo malestar, como una premonición cataclísmica cuyo motivo nadie acertaba a indicar. La historiografía moderna habla de un envejecimiento de la cultura antigua: yo creo que sólo ha llegado a captar las causas ocasionales y accesorias de aquella distimia colectiva. Fue también el judaísmo el que despejó esa opresiva situación. En efecto, a pesar de los múltiples brotes y asomos de esa idea en los diversos pueblos, fue en la mente de un judío, de Saulo de Tarso -llamado Pablo como ciudadano romano-, en la que por vez primera surgió el reconocimiento: «Nosotros somos tan desgraciados porque hemos matado a Dios Padre.» Es plenamente comprensible que no atinara a captar esta parte de la verdad, sino bajo el disfraz delirante del alborozado mensaje: «Estamos redimidos de toda culpa desde que uno de los nuestros rindió su vida para expiar nuestros pecados.» En esta formulación, naturalmente, no se mencionaba el asesinato de Dios; pero un crimen que debía ser expiado por una muerte sacrificial, sólo podía haber sido un asesinato. Además, la conexión entre el delirio y la verdad histórica quedaba establecida por la aseveración de que la víctima propiciatoria no había sido otra sino el propio Hijo de Dios. La fuerza que esta nueva fe derivó de su arraigo en la verdad histórica le permitió barrer todos los obstáculos; en lugar de la gozosa sensación de ser el pueblo elegido, aparecía ahora la liberadora redención. El hecho mismo del parricidio empero, al retornar al recuerdo de la Humanidad, tuvo que superar obstáculos mucho mayores que aquel otro hecho, contenido esencial del monoteísmo; también tuvo que sufrir una deformación más profunda. El innominable crimen fue así sustituido por la nebulosa concepción de un pecado original.

El pecado original y la redención a través de la muerte sacrificial se convirtieron en los pilares de la nueva religión fundada por Pablo. Cabe dejar planteada, pero irresuelta, la cuestión de si en la horda fraterna que se sublevó contra el protopadre existió realmente un caudillo e instigador del parricidio, o si esta figura fue creada ulteriormente por la fantasía de los poetas, con el fin de heroificarse a sí mismos, identificados con el personaje, siendo luego incorporada a la tradición. Una vez que la doctrina cristiana hubo roto el marco del judaísmo, asimiló elementos de muchas otras fuentes, renunció a muchos rasgos del monoteísmo puro y se adaptó en abundantes particularidades a los rituales de los restantes pueblos mediterráneos.

Sucedió como si Egipto se quisiera vengar nuevamente en los herederos de Ikhnaton. Es notable la manera en que la nueva religión enfrentó la vieja ambivalencia contenida en la relación paterno-filial. Si bien es cierto que su contenido esencial era la reconciliación con Dios Padre, la expiación del crimen que en él se había cometido, no es menos cierto que la otra faz de la relación afectiva se manifestó en que el Hijo, el que había asumido la expiación, convirtiese a su vez en Dios junto al Padre y, en realidad, en lugar del Padre. Surgido de una religión del Padre, el cristianismo se convirtió en una religión del Hijo. No pudo eludir, pues, el aciago destino de tener que eliminar al Padre.

Sólo una parte del pueblo judío aceptó la nueva doctrina. Quienes la rechazaron siguen llamándose, todavía hoy, judíos, y por esa decisión se han separado del resto de la Humanidad aún más agudamente que antes. Tuvieron que sufrir de la nueva comunidad religiosa -que además de los judíos incorporó a los egipcios, griegos, sirios, romanos y, finalmente, también a los germanos- el reproche de haber asesinado a Dios. En su versión completa, este reproche se expresaría así: «No quieren admitir que han matado a Dios, mientras que nosotros lo admitimos y hemos sido redimidos de esa culpa.» Adviértese entonces cuánta verdad se oculta tras este reproche. Por qué a los judíos les fue imposible participar en el progreso implícito en dicha confesión del asesinato de Dios, a pesar de todas sus distorsiones, es un problema que bien podría constituir el tema de un estudio especial. Con ello, en cierto modo, los judíos han tomado sobre sus hombros una culpa trágica que se les ha hecho expiar con la mayor severidad.

Nuestra investigación quizá haya arrojado alguna luz sobre el problema de cómo los judíos adquirieron las cualidades que los caracterizan. Mucho menos hemos logrado iluminar la cuestión de cómo pudieron conservar hasta la fecha su individualidad. No sería razonable, empero, exigir o esperar respuestas exhaustivas de tales enigmas. Cuanto yo puedo aportar a su esclarecimiento es una mera contribución, cuyo valor habrá de ser juzgado teniendo en cuenta las limitaciones críticas con que inicié este trabajo.